8740.bis
B.L.

RECUEIL

DES PLUS BELLES
CHANSONS
ET
AIRS DE COUR,

Nouvellement imprimés.

A Troyes, & se vendent
A PARIS,
Chez la Véve николаs Oudot,
ruë de la Harpe, à l'Image Nôtre-
Dame.

Avec Approbation & Permission.

8°. B. L. 11.349

CHANSON NOUVELLE,

Sur l'air : *Ami prenons le verre en main.*

Que nous sommes ingenieux
A nous faire des peines,
Nous prenons plaisir en tous lieux,
Même parmi les chaînes,
Allons donc à Mississipy,
Venus y marque nos logis.

Ne regrettons donc plus Paris,
Ni sa delicatesse,
L'honneur qui gêne les esprits,
Trouble la joye sans cesse.
Allons donc, &c.

Que nous y laissons de cocus,
Qui ne croyent pas l'être,
Que de gens qui seront perdus,
D'autres mis à Bisêtre.
Allons donc, &c.

Mocquons-nous de tous ces humains
Dont l'honneur & la gloire
Les rend contens de leur destin,
Et ne pensons qu'à boire.
Allons donc, &c.

Passons la Barque de Caron,
Un Prince est Mascarille,
L'on n'en fait point distinction,

A

N'engendrons point de bile.
Allons donc, &c.

Bacchus cherit fort ce terrain,
Par tout on voit des treilles,
Nous n'avons qu'à presser la main,
Pour emplir nos bouteilles.
Allons donc, &c.

Nous y boirons cette liqueur,
Quel plaisir dans la vie !
Il n'y a point d'empoisonneur,
Qui nous la falsifie.
Allons donc, &c.

On nous traite de libertins,
Nos peres nos modeles
Nous en ont tracé le chemin,
Pourquoi donc leurs querelles ?
Allons donc, &c.

Seroit ce une punition,
Quand le sort nous destine
A la multiplication ?
On nous en trouve dignes.
Allons donc, &c.

On nous destine des tendrons
Que je crois tres pucelles,
A Paris en trouveroit-on ?
Sinon à la mammelle,
Allons tous, &c.

De nos noms soyons donc jaloux,
Peuplons-en tout le monde,

Ils mettront fin à leur couroux,
Nous repasserons l'onde.
Allons tous à Mississipi,
Venus y marque les logis.   FIN.

CHANSON NOUVELLE,
Sur l'air ; *Ma pinte & ma mie au gué.*

ON dit qu'on trouve à Puteaux
Belles Vendangeuses,
Colin se sent le sang chaud,
L'humeur amoureuse,
Se ruant sur un tendron,
Il en rapporta, dit on,
Blessure fâcheuse au gué
Blessure fâcheuse.

Réponse.

Quand on va voir à Puteaux
Filles sans parure,
Et que l'on cherche aussi-tôt
La bonne avanture,
N'est-ce pas marché donné
De n'en avoir rapporté
Qu'une égratignure, au gué,
Qu'une égratignure.   FIN.

CHANSON NOUVELLE,
de la Foire Saint Germain : *Sur un air nouveau.*

PRofitez, jeune fille,
Du printemps de vos ans,   A ij

Qui vous échapera:
La Troupe Italienne
Faridondene lonla la,
La Troupe Italienne
Faridondene & cætera.

 Sur la rive de Seine
L'on verra le Triton,
La Foire & l'Opera;
La Troupe Italienne,
Faridondene lonlanla,
La Troupe Italienne
Faridondaine & cætera.

 Tout le tems de la Foire
Ces Auteurs agiront,
L'on se divertira,
La Troupe Italienne
Faridondene lonlanla,
La Troupe Italienne,
Faridonsene & cætera.

 Combien de jeunes Dames
Nous feront cet honneur
De nous visiter là;
La Troupe Italienne
Faridondene lonlanla,
La Troupe Italienne
Faridondene & cætera.

 Grand nombre de Noblesse
A la brune vient là,
Pour prendre ses ébats,

La Troupe Italienne
Faridondene lonlanla,
La Troupe Italienne
Faridondene & *cætera*.

Qu'on me donne, Climehe,
Un tein vif & brillant,
Le reste & *cætera*;
La Troupe Italienne
Faridondene lonlanla,
La Troupe Italienne
Faridondene & *cætera*.　　　FIN

CHANSON NOUVELLE.

Aujourd'hui l'amour est à la mode,
A tout moment sujet au change-
　ment,
Mais mon cœur est à la vieille mode,
Quand il aime, il aime, il aime,
Quand il aime, il aime constamment.

Aujourd'hui je suis Amant à vendre,
Belle Iris, voulez vous m'acheter,
Achetez, hâtez vous de me prendre,
Car dès demain je ne suis plus à vendre,
Car dès demain je ne veux plus aimer.

Vous changez, permettez que je chan-
　ge,
Je ne crois pas que je sois à blâmer,
Quand vous seriez aussi belle qu'une Ange,
Je n'aime point si vous n'êtes plus tendre.

Je n'aime point si je ne suis aimé.

J'aimois Tyrsis avec amour extrême;
Mais j'ai changé depuis un certain tems,
Quand je l'ai vû aller de belle en belle,
J'ai renoncé si tôt à l'infidele,
J'ai renoncé si tôt à l'inconstant. FIN.

CHANSON NOUVELLE.

Air nouveau.

DES long-tems nous sommes en voyage
Sans avoir fini le cours,
Nous cherchons par tout un peuple sage,
Pour y passer d'heureux jours?
Faut-il aller en Asie, en Afrique?
Lonlanla, ce n'est pas là
Que l'on trouve cela,
Non pas même à l'Amerique.
 Où trouver de la delicatesse?
Où sert-on sans interêt?
Où boit-on sans tomber dans l'yvresse?
Où ne fait-on point d'excés?
Seroit-ce en Suisse, ou bien en Allemagne?
Lonlanla, ce n'est pas là
Que l'on trouve cela,
C'est au pays de Cocagne.

Où l'époux est-il hors de défiance?
Le beau sexe en liberté?
Où n'a t'on nul desir de vengeance?
Où dit-on la verité?
Faut-il courir l'Italie, l'Allemagne?
Lonlanla, ce n'est pas là
Que l'on trouve cela,
C'est au pays de Cocagne.

 Où voit on des beautez naturelles,
Dont le tein soit sans appreft?
Où trouver des maîtresses fidelles
Et des amoureux discrets?
Chez les François battrons nous la cam-
  pagne?
Lonlanla ce n'est pas là
Que l'on trouve cela,
C'est au pays de Cocagne.

 Où trouver des filles tres constantes
Sans finesse & sans détour?
A quel âge en voit on d'innocentes
Au mystere de l'amour?
Est ce à quinze ans, pour ne s'y pas mé-
  prendre?
Lonlanla, ce n'est pas là
Que l'on trouve cela,
A notre âge il les faut prendre.

FIN.

Air nouveau : *De la Foire saint Germain.*

UN vieillard jaloux & grondeur
Et qui n'a pas riche figure,
A pleine main doit donner l'or,
Ou bien il lui faut la ceinture.

Je suis tres-content de mon sort,
Je suis couru de mainte filles,
Mais quand on est fait comme moi,
L'on n'a pas besoin de ceinture.

Nous avons de certains momens,
Ha dangereuse conjoncture !
Un amant qui prendroit ce temps,
N'auroit pas besoin de ceinture.

Si la piéce avoit le pouvoir
D'échapper à votre censure,
De Venus nous croirions avoir
Veritablement la ceinture.   FIN.

CHANSON NOUVELLE.

Tristes adieux des Filles d joye, au départ pour Misissipy.

Sur un air nouveau.

QUel fâcheux horoscope
Pour nous Filles de joye,
De voir qu'on nous escorte
A Rochefort tout droit ;
Faut-il, pour être belle,

Qu'il nous faille partir pour Mississipy ?
 Avec douleur mortelle
Il faut quitter Paris,
Il n'y a plus d'appel,
Adieu tous nos amis,
Adieu toutes ces belles,
Car elles vont partir pour Mississipy.
 Adieu donc la jeunesse,
La Douceur & Dupuis,
La fleur & l'allegresse,
Belle humeur & Joly,
Sans soucy, & la perle,
Adieu, car faut partir pour Mississipy.
 Adieu Riviere de Seine
Qui passe dans ces lieux,
Adieu Passi Sureine,
Ah quels tristes adieux !
Beau moulin de Javelle,
Adieu, car faut partir pour Mississipy.
 Adieu ces promenades,
Où l'on nous a servi
De si bonnes salades,
En prenant nos plaisirs,
S. Denis, la Chapelle,
Adieu, car faut partir pour Mississipy.
 Adieu tous ces fiacres
Qui nous ont tant mené
Au Roulle & à Montmartre,
Pour nous y regaler,

Vous perdez aprés elles
Car elles vont partir pour Missisipy.
   Adieu tant de coquettes
Qui restent à Paris,
Suzon, Fanchon, Nanette,
Toinon, Gothon, Marie,
Madelon, Isabelle,
Vos places allons retenir à Missisipy.
   L'on nous mene en charettes
Qui sont bien attelées,
Nous faisons grandes traites,
Sitost notre arrivée
L'on dit voilà ces belles,
Qui viennent de Paris pour Missisipy.
   Arrivant à la rade
Il faut nous embarquer,
Adieu nos camarades
La riviere est passée,
Il faut mettre à la voile,
Et bien vîte partir pour Missisipy.
       F I N.

CHANSON NOUVELLE
d'une Bergere.

IL étoit un doux Berger
Prés de sa Bergere,
Qui la vouloit caresser
Sur la verte fougere,
Et pendant que leurs troupeaux

Bondissoient sur le bord de l'eau,
Colin la la la la   bis.
Colin l'a visi ée.

    La Bergere si tost dit,
Colin tu n'es pas sage,
De me venir voir ici
Le long de ce rivage,
S'il étoit autour de nous
Quelque berger qui fût jaloux,
Et qui la la la la,   bis.
L'a lât dire à ma mere.

    Va, va, n'apprehende rien,
Mon aimable bergere,
Tes parens le sçavent bien,
Ton pere & ta mere ;
Car je leur ai dit combien
J'ai d'héritage & de bien
Le long de la la la la   bis.
Le long de la riviere.

    Ton pere m'a répondu
Comme un homme sage,
Que j'étois le bien venu
Pour le mariage ;
Et j'ai eu la liberté
De te venir annoncer
La la la la la   bis.
La bonne nouvelle.

    Ah Colin, que me dis-tu,
Je crois que tu rêves,

Ou tu as l'esprit perdu,
Que dis-tu, acheve?
Tu dis que mon pere t'a dit
De me venir trouver ici,
Dessus la la la la   bis.
Dessus la fougere.

 Va, tu lui demanderas,
Ma beauté agréable,
Ce soir quand tu seras
Prés de lui à table,
Et puis aprés tu verras
Par ma foi que je ne mens pas,
De la la la la   bis.
De la moindre syllabe.

 Puisque cela est ainsi,
Je le veux bien croire:
Mais pour être mon ami,
Il faut me faire voir
Si tu as bien de l'argent,
Pour que tu sois mon amant
Dedans la la la la   bis.
Dedans la prairie. FIN.

Autre sur le même air.

UN jour dans un plein repos
 L'imbecille Nicaise
Nonchalamment sur le dos
Ronfloit à son aise,
L'amour dans un rêve charmant,

Pour éprouver ce pauvre amant,
Lui fit voir la, la, la,   bis.
La jeune Therese.

 Therese étoit sans habit
Prête à prendre d'emblée,
L'amour l'avoit sur un lit
Exprés deshabillée,
Peau delicate & cheveux blonds,
Grands yeux noirs, tetons blancs & ronds,
Et sur tout la, la,   bis.
La main bien lavée.

 Nicaise sans mouvement
Contemploit le mystere,
Ce lâche engourdissement
Mit l'amour en colere,
Brusquons, dit-il, cet ennemi
Rien éveillé, rien endormi,
Otons lui la, la,   bis.
Qu'en a-t-il à faire.

 L'amour eût fait du dormeur
Châtiment exemplaire,
Une mouche par bonheur
Mit le sot hors d'affaire,
Se sentant piqué tout vif,
Il s'éveille, puis tout pensif
S'en alla, la, la,   bis.
Le dire à sa mere.

F I N.

CHANSON

Sur l'air *Dirai-je mon Confiteor.*

Autrefois mon cœur n'aimoit rien
Que les plaisirs de la bouteille,
Je traitois l'amour comme un chien,
Lui faisant moucher ma chandelle,
Il m'éclairoit de son flambeau,
Pour aller percer mon tonneau.

Je n'avois point d'autre forêt
Que sa fléche la plus piquante,
Que je laissois comme un fosset
A ma futaille bien faisante,
Vouloit-il par'er de beaux yeux,
Je le chassois comme un galeux.

Je vivois comme un papillon,
Cherchant la fl.urette nouvelle,
Quand je trouvois une doudon,
Vîte j'allois tirer bouteille,
L'amour portoit le martinet
Comme un garçon de cabaret.

Mais ce rusé Colin Maillard
M'a toûjours gardé sa rancune,
Jusqu'au moment que le hazard
Vous fit connoître belle brune,
Qui eût cru que ce conquérant
M'eût attrapé par le volant.

FIN.

CHANSON NOUVELLE

Sur l'air *Des insulaires* : *On diroit que la Mere d'Amour*, &c.

Vous qu'aucun discours n'engage
D'être sous les loix d'un vainqueur,
Belle de qui le badinage
A souvent réservé l'honneur,
Méfiez vous de la fleurette,
C'est souvent ce qui vous surprend;
    En badinant,
    En folâtrant,
On s'accoûtume aux discours d'un amant,
Et Cupidon qui toûjours guette,
Vous fait faire un pas plus avant.

    Absent de vous dans ma langueur,
Belle Iris, soulagez mon cœur,
Vous êtes belle, mais trop cruelle
Pour un amant toûjours constant;
    Plus de douceur,
    Moins de rigueur,
Soulagez donc mon tendre cœur
Vous êtes belle,
Mais trop cruelle
Pour un amant toûjours constant.

FIN.

CHANSON NOUVELLE
Sur l'air *du canon braqué.*

Dedans mon petit reduit
Je vis à mon aise,
Je n'ai qu'une table, un lit,
Un verre, une chaise,
Mais je m'en sers chaque jour,
Pour caresser tour à tour
Ma pinte & ma mie au gué,
Ma pinte & ma mie.

 Le haut degré des grandeurs
Me fait peu d'envie,
On y doit aux spectateurs
Compte de sa vie,
Mais dans mon obscurité
Je possede en liberté
Ma pinte & ma mie, &c.

 Dans tous les brillans emplois
Qu'un sot orgueil brigue,
On est sujet à des loix
Dont le joug fatigue,
Pour moi libre de tous soins,
Je prens selon mes besoins
Ma pinte & ma mie, &c.

 Je ne veux point des grands mets
Etre la victime,
De la gloire des Heros
Je fais peu d'estime,

N'ai-je pas assez vaincu,
Quand j'ay sçeu mettre sur cul
Ma pinte & ma mie &c.

 Qu'au travers de mille morts
Sur la terre & l'onde,
On court aprés des trésors
Dans un nouveau monde;
Je crois avoir tous les biens,
Lorsque dans mes bras je tiens
Ma pinte & ma mie, &c.

 Qu'on apprenne à grands travaux
La fable & l'histoire,
Des faits anciens & nouveaux
Je cede la gloire,
Mon sçavoir le plus profond,
Est de bien sonder à fonds
Ma pinte & ma mie, &c.

 Des simples & des métaux
Cherchant l'analyse,
Pour échauffer les fourneaux
Le souffleur s'épuise,
Moi, souvent sans tant souffler,
Je sçai faire distiller
Ma pinte & ma mie, &c.

 La promenade & le jeu
N'ont rien qui me pique,
Un concert me touche peu,
Loin de la musique,
Je ne veux pour m'amuser

Que remplir & renverser
Ma pinte & ma mie, au gué,
Ma pinte & ma mie.
FIN.

CHANSON NOUVELLE.

JE ne comprends pas, ami Lucas,
D'où te peut venir cet embarras ;
Nous n'avons point d'importuns ici,
Ni ta femme dieu-mercy,
D'où te vient donc ce soucy ?
Se seroit-elle fait un ami ?
Craindrois tu le missisipi ?

   Non je ne crains point cet embarras ;
Tout pays a pour moi des appas,
J'irai dans ces fortunez climats
Y planter du bois tortu,
Des eschalas bien vêtus ;
Et l'on parlera bien-tôt ici
Du Noé du Mississipy.   FIN.

Autre sur le même air.

Qu'on n'ôte ces vases superflus,
Se servir d'un verre, est un abus,
A petits coups vuider un flacon ;
Le détail en est trop long,
Et j'y fais moins de façon,
Ma foi je ne bois point par extrait,
Je veux l'avaler tout d'un trait.

LE FANTOSME VILLAGEOIS.

Quien Pierrot veux-tu sçavoir
Une si terrible histoire,
Ce fut avant hier au soir
Que m'arrivit cette affaire :
Quien morgué quien, si tu sçavois,
Je crois pour moi que t'en mourrois
D'une frayeur mortelle.

J'allis dès aprés souper
Pour passer la nuit sous l'harbe,
C'étoit pour y mieux garder
Les bleds qui étiont en jarbe,
Quien morgué, &c.

J'étois je ne sçai comment,
De dormir j'eus grosse envie,
De retourner promptement
Il me print en fantaisie.
Quien, &c.

Sans brit tout de go j'entris
Dedans noute maisonnette,
Aussi-tôt je m'approchis
Tout doux de noute couchette.
Quien, &c.

Noute femme étoit au lit,
Je n'avians point de chandelle,
J'avisis un gros asprit
Tout du long couché pras d'elle ;
Quien, &c.

Je criys saisi d'effroi
Comme un cochon qu'on égorge,
A moi, mes amis, à moi,
La maison d'aiprits regorge :
Quien, &c.

Je m'enfuyis dans un coin,
Fiéhé contre la muraille,
Je le vis marcher de loin
Tout fin gros comme futaille :
Quien, &c.

A la paifin il sortit
Tout fin blanc comme une torche,
J'acoutis tout ce qu'il dit,
D'une lorgnette d'approche,
Quien, &c.

Quand fut loin l'aiprit subtil,
Dis je à noute minagere,
Va t-en battre le fusil,
Qu'on charche avec la lumiere,
Quien, &c.

Al qui n'avoit fantu,
Disoit que j'étois yvrogne,
Stapandant je n'avois bû
Danhui ovecque personne,
Quien, &c.

Faut qu'ait des gens bien méchans,
De venir de l'outre monde,
Faire peur aux pauvres gens,
Et pis aprés qu'en les gronde,

Quien, &c.
J'ai juré quand y viandra,
Pis qu'al y caille ton homme,
De fouir, & la laisser l'à
A la merci du fantôme :
Quien morg é, &c.
FIN.

CHANSON NOUVELLE.
Sur l'air : *De ma commere oüi.*

Allez vous à Mi ſlipy,
Vraiment ma Commere oüi,
Vous êtes donc ..ion.aire,
Vraiment ma commere voüere,
Vraiment ma commere oüi.

Votre mari le ſçait-il ?
O ! ma commere, nanni,
Vous lui ferez les affaires,
Vraiment ma commere, &c.

Pour vous ſera le profit,
Vraiment, &c.
Pour lui les broüillards de loire,
Vraiment, &c.

Votre voiſin le ſçait-il ?
Vraiment, &c.
Il en ſçait tout le myſtere,
Vraiment, &c.

Vous fait-il de gros plaiſirs,
Vraiment, &c.

J'ai des actions des premieres,
Vraiment, &c.
    Avez-vous dequoi remplir?
Vraiment, &c.
Du comptant & du salaire
Vraiment, &c.
    Votre mari y met-il?
Vraiment, &c.
Il est encore à sa premiere,
Vraiment, &c.
    Les actions sont à grands prix,
Vraiment, &c.
Les premieres & les dernieres,
Vraiment, &c.
    Vous connoissez le pays,
Vraiment, &c.
Un voyage j'y veux faire,
Vraiment, &c.
    J'amenerai nos amis,
Vraiment, &c.
Et aussi tous nos Comperes,
Vraiment, &c.
    Nous pourrons faire bâtir,
Vraiment, &c.
Une maison pour bien boire,
Vraiment. &c.
    Nous aurons de beaux habits,
Vraiment, &c.
Et nous serons des plus fieres,

Vraiment, &c.
　Les carosses de Paris,
Vraiment, &c.
Nous serviront de litiere,
Vraiment, &c.　　　　FIN.

CHANSON NOUVELLE.
Sur l'air *du menuet d'Auteuil.*

AH, que dans ce beau sejour
　Au Dieu d'amour,
Tyrcis, tu fais ta cour,
Et l'éclat de ton ardeur
Met mon cœur en langueur;
Ma chere ame, je me pâme,
Ralentis ces mouvemens
Dans ces heureux momens,
Ma chere ame, je me pâme,
Ralentis ces mouvemens,
Que ces plaisirs sont charmans.

　Ah! que j'aime ma Cloris,
Son bel humeur m'enchante,
Ah! que j'aime ma Cloris,
J'admire son esprit,
Son corsage, son beau visage,
Sa taille, ses mains, son sein
Aussi blanc comme le lys, Son, &c.
Font que je voudrois aujourd'hui
Etre son favoris.

　Si j'avois le bonheur

D'être aimé de la belle,
Si j'avois le bonheur
De posseder son cœur,
Mon envie & ma vie
Se passeront en douceur,
Sans chagrin ni sans langueur,
Mon envie & ma vie, Se passeront, &c.
En plaisir & en bonheur.
J'aime fort constamment
Comme un fidel amant,
Mais la cruelle, par trop rebelle,
Ne répond nullement
A tout mon cruel tourment,
Mais la cruelle par trop rebelle,
Ne veut pas seulement m'écouter un
 moment.
 Ah trop ingrate beauté,
Qui me tient enchaîné,
Ah trop ingrate beauté,
Ayez de moi pitié;
L'esperance dans ma souffrance
M'oblige à conserver
Pour vous toûjours l'amitié,
 L'esperance, &c.
Veut toûjours m'assurer
D'être recompensé.

FIN.

Veu l'approbation du Sieur Passart,
permis d'imprimer ce 4. Aoust 1722.
M. P. DE VOYER D'ARGENSON.

CHANSON NOUVELLE.

Ton Amant, Philis, ne me plaît
   guéres,
Il vante tes moindres attraits,
Mais il n'a que du caquet,
Il seroit las d'avoir fait 1. saut.

  Pour le mien, il est bon à la danse,
Aussi souvent je le fais danser,
Et sans s'en embarasser
Il me fait pour commencer 1. 2. sauts.

  Aussi-tôt avec lui rentre en danse,
Il me prend la main en badinant,
Et plus leger que le vent,
Ah qu'il me fait tendrement 1. 2. 3. sauts.

  Puis me faisant faire une pirouette,
Sur la bouche il me vole un baiser,
Pourrois-je le refuser ?
Puis me fait pour m'apaiser 1. 2. 3. 4. f.

  Il n'est point pour nous de danse à 4.
A quatre le branle est ennuyeux,
Nous ne dansons que nous deux,
Et nous n'en faisons que mieux 1. 2. 3. 4. 5. f.

  Nous faisons un petit rond ensemble,
Et nous le faisons étroitement ;
Là brille mon cher Amant,
Ah qu'il me fait tendrement 1. 2. 3. 4.
   5. 6. sauts.

A

Nous croisôs les bras l'un dessus l'autre,
Ah ! que cette figure a d'appas ;
Ciel ? pourquoi n'y suis-je pas ?
Nous ferions sans être las 1. 2. 3. 4. 5.
6. 7. sauts

Quand je crois que la danse est finie,
Et que je veux le laisser aller,
Lui, sans vouloir me quitter,
Me fait pour se retirer 1. saut.

CHANSON NOUVELLE
Sur l'Air : *eh frou, frou, frou.*

JE veux suivre tour-à-tour
Bachus & le Dieu d'Amour,   bis
Eh glou glou glou, eh frou, frou, frou.
J'ai bon courage,
Il faut boire comme un trou   bis
Pour aimer davantage.

Quand j'ai bû neuf coups de vin,
Le dixiéme est pour Catin,
Eh glou, glou, glou, &c.   bis

Si j'en buvois cent par jour,
J'en rendrois dix à l'amour,   bis
Eh glou, glou, glou, &c.

Ainsi plus j'entonnerai,
plus aussi j'en payerai,   bis
Eh glou, &c.

Objet charmant & gentil,
Ce projet vous plairoit-il ?
Eh glou, &c.

Les cloches pendant la nuit
M'avertissent du déduit,　　　　bis
Et din dan don, & zin zon zon.
　Quel doux mystere,
Je joins à leur carillon　　　　bis
Le branle de Cythere.
　Ainsi fais tout comme moi,
Je compte de bonne foi ;　　　　bis
Eh tin, tin, tin, eh zin, zin, zin.
　Quand l'amour presse,
Avec de ce jus divin
Broüillons notre tendresse.　　　FIN.

CHANSON NOUVELLE
Sur un Air nouveau.

Venez, Garçons, venez fillettes
　Danser, aimer sous ces coutrettes ;
Trémoussez-vous, & allons guay
Sur l'herbette Joliette ;
Tout est permis au mois de May.
　Les oyseaux du naissant feüillage
Pour leur plaisir cherchent l'ombrage,
Imitez-les, & allons guay
Sur l'herbette Joliette ; &c.
　Dessous ces verdures nouvelles,
Ils ne trouvent pas de cruelles ;
Faites comme eux, & allons guay
Vous fillettes, Jolliettes ;
Faites honneur au mois de may.

A 2

Dans ce mois fait pour la jeunesse,
La folie est une sagesse,
Trémoussons-nous, & allons guay
Sur l'herbette Joliette ;
Faisons honneur au mois de May.

Malgré la honte & la critique,
Lors qu'une fois l'amour nous pique,
Trémoussons-nous, & allons gay
Sur l'herbette Joliette ;
Faisons honneur au mois de May.

Pour commencer l'aimable vie,
A laquelle tout nous convie,
Trémoussons nous, & allons gay
Vous fillettes Joliettes,
Venez nous voir planter le May.

Lors que nos verdures sont belles,
Il vient chez nous des Damoiselles,
Al trémoussont, & al vont guay
Sur l'herbette Joliette ;
Al sont honneur au mois de May.

Le Magister de ce Village,
Quoiqu'en raba n'est pas plus sage,
Toujours à l'erte & toujours guay
Sur l'herbette, &c.
Tous mois pour lui sont mois de May.

Notre Bailly n'est pas plus grave
A l'Audience, qu'à la cave,
Avec sa pinte toujours guay
Sur l'herbette Joliette ;

Un Automne est son mois de May. FIN.

Autre guaïe.

AH morbleu que vous êtes belle,
Ventrebleu que vous valez d'or,
Vous seriez cent fois plus cruelle,
Que je vous adorerois encore,
Ah morbleu, &c.

Que cette liqueur me paroît bonne,
Oserois-je vous en présenter   bis
Il faut avec vous que je m'en donne,
Et que je vous en fasse tâter,
Ah morbleu, &c.

CHANSON NOUVELLE
Sur l'Air : *vous parlez Gaulois.*

Vous qui de votre ardeur fidelle,
Entretenez une cruelle,
Vous parlez Gaulois;
Vous qui proposez à la belle
D'aller au moulin de Javelle,
Vous parlez François.

Amans qui n'offrez que vos larmes,
Vos feux, vos soupirs, vos allarmes,
Vous parlez Gaulois,
Mais vous qui parlez de finance,
Vous possedez mieux l'éloquence
En parlant François.

Vous qui vantez encore en France

Les loix de la persévérance,
Vous parlez Gaulois,
Vous qui dites qu'il faut sans cesse
Courir de Maîtresse en Maîtresse,
Vous parlez François.

 Maris qui prêchez à vos femmes
La fidelité de vos flammes,
Vous parlez Gaulois ;
Vous qui dites à vos Epouses
Ne soyons point d'humeur jalouse,
Vous parlez François.   F I N.

Chanson nouvelle.

L'Amour, ma belle,
Gardera dans ces valons,
Nos moutons
Dessous son aîle,
Tandis que nous chanterons,
Il nous appelle ;
Viens sous ces ormeaux
Loin de mes rivaux,
Ecouter mes maux.
Tu seras peut-être moins cruelle,
L'amour, ma belle
Gardera dans ces valons
Nos moutons
Dessous son aisle,
Tandis que nous chanterons.
 Tircis, je n'ose

Ecouter ton chalumeau
Sous l'ormeau,
Et l'on en cause
Déja dans notre Hameau.
Un cœur s'expose
Souvent au danger,
De trop s'engager
Avec un berger,
Et toujours l'épine est sous la rose,
Tircis, je n'ose, &c.
 Que sert de craindre
Un discret, un tendre amour
Sans retour,
Que sert de feindre
Pour mes feux un doux retour;
C'est trop contraindre
Ton ardeur pour moi,
Mon amour pour toi,
Donnons nous la foi,
Ces beaux feux pourront enfin s'étein-
  dre,
Que sert de craindre, &c.
 Il faut se rendre,
Mon berger,
A des accens
Si touchans ;
Viens donc aprendre
Ce que pour toi je ressens ;
J'ai le cœur tendre,

Fidele & constans,
Si tu l'es autant,
Tu seras content,
Tu n'auras rien perdu pour attendre,
Il faut se rendre,
Mon berger,
A des accens
Si touchans, &c.   F I N.

Chanson nouvelle.

Contentez vous d'une seule bouteille,
L'excès du vin fait perdre la raison,
Quand on boit peu, l'on fait toujours
 merveille,
Un peu de vin conduit mieux au
Contentez-vous, &c.

 Qu'on ne me parle plus de ma Lisette,
Je veux oublier jusques à son nom,
Rien n'est si doux que ma tendre Nan-
 nette,
Rien n'est si charmant que son joli
Qu'on ne me parle, &c.

 Vit-on jamais tant d'attraits & de
 charmes,
Que vous en possedez, charmante Iris,
Mon cœur vaincu vient vous rendre les
 armes,
Tenez, prenez, je vous offre mon cœur,
Vit-on, &c.

Contre une Mere si rude & severe,
Grand Dieu d'amour préte moi ton branjon,
Elle aura beau me tenir prisonniere,
Je trouverai du plaisir & du bon
Contre, &c.

Vit on jamais une Mere si rude,
A son humeur le destin m'asservit,
A me gêner elle fait son étude,
A m'éloigner elle fait ses *efforts*,
Vit-on jamais, &c.

Cupidon met la réforme à Cythere,
Il met en vogue un plaisir deffendu,
Pour être au fils, il renonce à la mere,
Tout mon plaisir se trouve dans le *vin*,
Cupidon, &c.

Cupidon n'est qu'un sot dans sa reforme,
De permettre ces plaisirs deffendus,
Quels charmes ne goute-t'on pas sous l'orme,
Quand a son gré l'on tient un bon
Cupidon, &c.

F I N.

CHANSON NOUVELLE.
Sur l'Air : *Boire à son tour, &c.*

IL étoit un berger,
Avecque sa bergere,

A 5.

S'en allant promener
Sur la verte fougere,
Dieu des amours,
Boire à son tour,
Boire à son tire, lire, lire,
Boire à son tour.

 S'en allant promener
Sur la verte fougere,
Un beau Garde du Roi
Qui les regardoit faire,
Dieu des amours, &c.

 Un beau Garde du Roi
Qui les regardoit faire,
Laissez, belle, laissez
Laissez la violette,
Dieu des amours, &c.

 Laissez, belle, laissez,
Laissez la violette,
Car si vous la cueillez,
Vous y laisserez des gages,
Dieu des amours, &c.

 Car si vous la cueillez,
Vous y laisserez des gages,
Quel gage y laisserai-je,
Je n'ai ni Bœufs ni Vaches,
Dieu des amours, &c.

 Quel gage y laisserai-je,
Je n'ai ni bœufs ni vaches,
Belle tu y laisseras
Ton joli Pucellage, &c.

Belle, tu y laisseras
Ton joli pucellage,
Monsieur, je l'ai promis
Au berger du Village,
Dieu des amours, &c.

Monsieur je l'ai promis
Au berger du Village,
Il est des plus joli,
Et l'ai offert pour gages,
Dieu des amours, &c.   F I N.

Chanson nouvelle.

IL y a trente ans que mon cotillon traîne,
Il y a trente ans que mon cotillon pend,
A quatorze ans, il traînoit par derriere,
Mais à présent il est court par devant ;
Il y a trente ans que mon cotillon traîne,
Il y a trente ans que mon cotillon pend.

Profitez du Printems, ma bergere,
Profitez du Printems de vos ans,
Quand vous dansiez sur la verte fougere,
Vous n'en disiez rien à votre maman,
Il y a trente ans, &c.

Hélas que dira ma grande Mere
D'avoir été avec mon amant.
Elle se doutera de quelque affaire,
En me voïant le visage changeant,
Il y a trente ans, &c.

Vela d'senvoys que m'a mere vous andoüille,

Vela d'fandoüilles que ma mere vous
    envoye,
Vela d'fenvoys que ma mere vous en-
    doüille,
Vela d'fandoüilles que ma mere vous
    envoye,
Vela d'fenvoys, &c.

Chanson nouvelle.

UN Cavalier d'une riche encolûre,
    Large de carure,
Sur de son pouvoir,
Prodigue du mouchoir,
Les yeux ardens, exhortoit sa Silvie,
Vîte je vous prie,
Çà dépêchez-vous,
Venez avecque nous.
    C'est tems perdu repartit la fillette,
Votre affaire est faite,
Je sçai mon devoir,
J'ai rendez-vous ce soir ;
Avec qui donc, reprit il en colere,
Avec un Compere,
L'honneur & l'appuy
Des phantômes de nuit.
    Le Général, c'est ainsi qu'on le nomme,
Vartigué, quel homme !
Six fois chaque jour

Me fait ici la cour ?
Voudriez vous être son acolite,
petit proselite,
Allez loin de nous
Quêter un rendez-vous.
 Le Cavalier frappé de cet outrage,
Transporté de rage,
Lui dit tout en feu
Vous allez voir beau jeu ?
Vous ignorez ou l'Ustacru m'emporte,
Le nom que je porte,
Compere Tappedru
Ne vous est pas connu.
 C'est moi, morbleu, croyez-vous à
  ma mine,
A cette poitrine,
Qu'un autre avec moi
puisse avoir quelqu'emploi ;
Je veux qu'ici vôtre amoureux Athlete
Baisse sa jacquette,
Saisi de respect
Recule à mon aspect.
 Dans le moment comme une ombre
  craintive,
Dans la perspective,
Le Gendarme parut,
Le Cavalier courut,
Puis le tirant par le bras dit, compere
Sans tant de mystere ?

Voyons qui des deux
Merite d'être heureux.
    Les yeux baissez, le cœur plein d'a-
mertume,
Comme un cocq sans plume;
Le Gendarme aux abois
S'enfonça dans le bois,
Tandis qu'en paix sur le champ de ba-
taille
D'estoc & de taille,
Tappedru content,
Triomphe à chaque instant.
    Vous dont le cœur par d'invincibles
charmes,
Tient fort aux Gendarmes,
pour eux croyez-moi
N'ayez plus tant de foy?
Un Gendarme, je le dis à sa honte,
Comme un Epoux compte,
Le Cavalier va, & compte qui pourra

F I N.

Chanson nouvelle.

Venez amans dans ce séjour,
    Sonner à l'horloge d'amour;
Car souvent dans cette retraite,
L'heure du Berger se repete,
Don, din, don, don, din, don.
Ah l'agreable carillon.

Oh le bon reveille matin,
Qu'une cloche au son argentin,
Voulez-vous plaire à vôtre belle,
Faites souvent sonner pour elle,
Don, din, don, don, din, don, &c.

   Quand à l'horloge de l'amour,
Un vieux Galand vient à son tour,
S'il veut sonner sans qu'on l'en prie,
C'est la petite sonnerie,
Don, din, don, don, din, don,
Ah le lugubre carillon.

   Messieurs qui sçavez sans façon
Carillonner sur plus d'un ton,
Regalez nous je vous en prie,
De vôtre bonne sonnerie,
Don, din, don, don, din, don.
Ah l'agreable carillon.

   L'autre jour un certain Quidan
Fut pour soulager son tourment,
Il fut meprisé de Sylvie,
N'ayant pas forte sonnerie,
Don, din, don, don, din, don,
Il fit un triste carillon.

   Enfans des amoureux plaisirs,
Vangez ainsi tous vos desirs,
Si quelquefois l'argent vous manque,
Donnez moi des billets de Banque,
Don, din, don, don, din, don,
Pour faire un nouveau carillon.

Jamais dans l'Empire d'amour
Les billets n'auront aucun cours,
Venez on aura confiance
A ce carillon là je pense,
Don, din, don, don, din, don,
Ah l'agreable carillon.   F I N.

Chanson nouvelle.

TU reçois le prix de ta flamme
　Vois si je t'aime en ce moment,
Tes baisers me vont jusqu'en l'ame.
Ménage moi mon cher Amant,
Mon cœur enyvré de plaisirs
Et de douceurs,
Va rendre les derniers soupirs !
Ah je me meurs.

　Tiendras-tu demain ta promesse,
Te verrai-je mon cher amour
M'accabler encore de caresses,
Quand viendra cet heureux retour,
Tes yeux attachez sur les miens
M'enflammeront,
Et mes bras passez dans les tiens
Te retiendront.

　La jeunesse a trop de foiblesse,
Et l'amour a trop de douceurs
Pour resister à la tendresse
D'un Amant qui donne son cœur,

On pert en ses yeux languissans,
Tout son devoir,
On s'abandonne en ce moment,
A son pouvoir.   F I N.

*Chanson d'un Amant liberal & gracieux :
Sur l'air, J'en ferai la folie, &c. par demandes & par reponses.*

D. **M**On ami, mon bel ami
Mene moi dedans les champs,
Pour y voir de beaux bleds,
Nous soyerons le froment.
R. Nous aurons de la pluye, Ma Mie,
Nous aurons de la pluye.
 D. Mon ami, mon bel ami.
Mene moi dedans les bois,
Nous abaisserons les branches,
Et ramasserons les noix.
R. Nous aurons, &c.
 D. Mon ami, mon bel ami
Mene moi dans ton jardin,
S'il y a du Romarin
Tu m'en feras present d'un brin.
R. Il est tout défleuri,
 Ma Mie,
Il est tout défleuri.
 D. Mon ami, mon bel ami,
Mene moi dans ta maison,

S'il y a de beaux draps blancs.
A ton lit nous les mettrons.
R. Ils sont à la lessive,
      Ma Mie,
Ils sont à la lessive.

  D. Mon ami, mon bel ami
Mene moi dans ton cellier,
Si tu as de bon vin blanc,
Là tu m'en feras goûter.
R. N'y a que de la lie,
      Ma Mie,
N'y a que de la lie.

  D. Mon ami, mon bel ami
Mene moi dans ton grenier,
Si tu as des poires molles
Là tu m'en feras manger.
R. Elles sont toutes pouries,
      Ma Mie,
Elles sont toutes pouries.

  D. Mon ami, mon bel ami
Mene moi dans ton courti
S'il s'y trouve des poids verds
Nous y en pourons cueillir.
R. N'y a que des nantilles,
      Ma Mie,
N'y a que des nantilles.

  D. Mon ami, mon bel ami
Donne moi un doux baiser,
Je te l'ai baillé si bel,

Dois-tu me le refuser ?
R. Ton né a la roupie,
　　Ma Mie,
Ton né a la roupie.　　　　　FIN.

Chanson nouvelle

BAchus supprime la vandange,
Cerés nous refuse du pain,
L'Amour s'en vange
Et court au change,
Iris, je n'en fais pas le fin,
Il est étrange
D'aimer en Ange,
Lorsqu'on meurt de soif & de faim.
　Je veux de la perseverance
Dans l'Amant dont j'ai fait le choix,
Ce n'est je pense
Que l'inconstance
Qui vous a rangé sous mes loix,
Qu'elle apparence,
Qu'elle assurance
Que vous ne changiez qu'une fois.
FIN.

Chanson nouvelle

COlette je ressens pour toi
Plus que de la tendresse,　　bis
Un trouble, une ardeur qui me presse

Qui me fera mourir je croi,
C'est un certain je ne sçai qu'est-ce,
C'est un certain je ne sçai quoi.

 Jacquet, quoiqu'un autre ait ma foi,
Laisse moi faire, laisse,   bis.
Je me reprocherois sans cesse
Que quelqu'Amant fût mort pour moi,
Faute d'un certain je ne sçai qu'est-ce,
Faute d'un certain je ne sçai quoi.

 La Beauté ne sçauroit de soi
Attirer ma tendresse,   bis.
L'esprit & la delicatesse
Peuvent encore moins sur moi,
Il faut un certain je ne sçai qu'est ce,
Il faut un certain je ne sçai quoi.

 En vain tu voudrois tout pour toi
Importune sagesse,   bis.
Quand l'amour de ses traits nous blesse,
L'occasion enfreint la loi,
On cede à certain je ne sçai qu'est-ce,
On cede à certain je ne sçai quoi.

 Pour attirer la dupe à soi
Iris fait la tigresse,   bis.
Montrer d'abord de la tendresse
C'est faire mal valoir l'emploi,
Il faut un certain je ne sçai qu'est-ce,
Il faut un certain je ne sçai quoi.

 Que le Public de bonne foi
Applaudisse une piece,   bis.

Le facheux critique ne cesse
D'exercer toujours son emploi,
Il trouve un certain je ne sçai qu'est ce,
Il trouve un certain je ne sçai quoi.
F I N.

Chanson nouvelle.

JE suis une ombre du vieux tems,
Qui jadis fus aimable & belle,
Rebutant toujours mes Amans,
Et je suis enfin morte pucelle,
Pucelle à l'âge de trente ans,
Si des Dieux la bonté suprême
Me rapelloit de mon tombeau,
En ferois-je encore de même ?
   Diablezot.

   L'ombre d'un Avare.
Je suis l'ombre d'un vieux Cresus
Qui me plaignois le necessaire,
J'amassois écus sur écus
Pour faire un neveu légataire
Qui jouë & fonds & revenus,
Si je repassois l'onde noire
Mourois-je auprés de mon magot,
Faute de manger, & de boire ?
   Diablezot.

   L'ombre d'une femme mariée.
Je suis l'ombre d'une beauté,

Femme d'un vieux jaloux sans bornes,
Il étoit brutal, emporté,
Son front meritoit bien des cornes,
Pourtant il n'en a point porté,
Si j'avois encore la puissance
Echaperoit-il d'être sot,
Aurois-je autant de patience,
  Diablezot.

  L'ombre d'un Cocu.

Vous voyez l'ombre d'un cocu
Qui fut toujours d'humeur jalouse,
Je méprisai le revenu
De la beauté de mon Epouse,
Et fus gueux tant que j'ai vécu;
Mais à present que c'est la mode
Que l'Epoux partage au gâteau,
Voudrois-je n'être pas commode?
  Diablezot.

  Une ombre.

Aux ombres s'il étoit permis
De prendre là haut leur volées,
Combien de morts seroient surpris
De voir leur veuves consolées,
Par leurs Clercs ou par leurs Commis,
Prés d'un mourant on se désole
Jurant de le suivre au tombeau,
Aprés la mort tient-on parole?
  Diablezot.

Arlequin.

Que je vais bien à mon retour
A Belfegore chanter sa gamme,
Quoi ! m'envoyer dans ce séjour
Pour m'y faire trouver ma femme,
C'est me jouër d'un vilain tour,
Lorsque là haut il fuit la sienne,
Pouroit-il me croire assez sot
Pour tirer d'ici bas la mienne ?
   Diablezot.   F I N.

Chanson nouvelle : Sur l'air ; *Assis sur*
   l'herbette Colin, &c.

COlin à la chasse,
Au bord d'un vallon,
En certaine place
Vit un herisson,
Et tout au plus vîte
Son fusil leva,
Pour tirer au gite
Cette bête-là.
 Avec l'assurance
Dont il est guidé,
Il marche, s'avance
Son fusil bandé,
Il vise & ajuste,
Et d'un coup heureux
Il décharge juste

Et le fend en deux.
   La décharge faite
Il n'étoit pas mort,
La maligne bête
Fretilloit encore,
Je ne sçai que dire
De tous ses efforts,
De nouveau retire
Sans donner la mort.
   Ce coup fut de même,
Et alors Colin
Crut qu'au troisiéme
On verroit la fin,
Il tire & s'efforce
Pour le dernier coup ;
Mais toute sa force
N'en vint point à bout.
   Colin qui murmure
Dit avec raison,
Que ta vie est dure
Maudit herisson,
Il faut me resoudre
A te laisser là,
Je n'ai plus de poudre,
Tire qui pourra.

FIN.

Vû l'approbation du Sieur Passart permis d'imprimer ce 4. Aoust 1722.
M. P. DE VOER D'ARGENSON.

CHANSON NOUVELLE.

Vous qui donnez de l'amour,
  Au cœur le moins tendre,
N'en sçauriez vous prendre,
Vous qui donnez de l'amour,
N'en sçauriez vous prendre,
Iris à vôtre tour,
Faut-il qu'avec tant d'appas,
  Ce dieu ne vous touche pas,
Vous devez vous rendre,
A vôtre tour,
Vous qui donnez de l'amour,
Au cœur le moins tendre,
N'en sçauriez vous prendre,
Iris à vôtre tour.

  Redoutez un triste déclin,
Songez à un plus doux destin,
Dans ce beau séjour,
Tout vous fait la cour,
Vous qui donnez de l'amour,
Au cœur le moins tendre,
N'en sçauriez vous prendre,
Vous qui donnez de l'amour,
N'en sçauriez vous prendre,
Iris à vôtre tour.

FIN.

Autre Chanson sur le vin servant de réponse à la precedente, sur le même air.

Toy qui gueris de l'amour,
　Charmante bouteille,
Doux jus de la treille,
Toi qui gueris de l'amour,
Charmante bouteille,
Viens à mon secours,
L'amour est un dieu badin,
Chez lui naît l'heureux destin,
Ses plaisirs sont purs,
Et sans détours,
Toi qui gueris de l'amour,
Charmante bouteille,
Doux jus de la treille,
Viens à mon secours.

　Les yeux de l'aimable Catin,
Empruntent leurs feux du vin,
Mais que sa liqueur,
Calme mon cœur,
Toi qui gueris de l'amour,
Charmante bouteille,
Doux jus de la treille,
Toi qui gueris de l'amour,
Charmante bouteille,
Viens à mon secours.

　　　F I N.

Autre sur le même air.

Toy qui trouves le vin bon,
Que sert-il d'attendre,
N'en sçaurois tu prendre,
Toi qui trouves le vin bon,
N'en sçaurois tu prendre,
Voici le flaçon,
En voudrois tu de ma main ?
Je vais t'en verser tout plein,
Et de plus t'apprendre ma Chanson,
Toi qui trouves le vin bon,
Que sert-il d'attendre,
N'en sçaurois tu prendre ?
Toi qui trouves le vin bon,
N'en sçaurois tu prendre ?
Voici le flaçon.

Quel plaisir d'être beuveur,
Quand je l'examine,
Auprés de Claudine,
Quel plaisir d'être beuveur,
Quand je la badine,
Aprés cette liqueur,
Aussi tôt, je me repents,
D'avoir été si long tems,
A lui déclarer mon cœur tendre,
Quel plaisir d'être beuveur,
Quand je l'examine,
Auprés de Claudine,

A ij

Quel plaisir d'être beuveur,
Quand je l'examine,
Aprés cette liqueur.   FIN.

CHANSON NOUVELLE.

L'Amant fidele,
Loin de sa belle
La voit toûjours,
Tout parle d'elle,
Tout lui rappelle
Ses plus beaux jours.   *bis.*
   Il croit entendre
La voix charmante
De son Iris,   Image vaine
Qui fait sa peine
Et ses soûpirs.   *bis.*
   Dans la journée
De toi frapée   Plus de cens fois,
Je t'ai nommée,
Je t'ai cherchée
Dedans ce bois.   *bis.*
   Oüi je t'honore
Et plus encore   Que je ne dis ;
Quand je te quitte
J'ai à ma suite
Tout les ennuis.   *bis.*
   Tyrcis aimable,
Restons à table
Jusqu'à demain,

Beuvons sans-cesse
A nos Maîtresses
Ce jus divin.   *bis.*
 Brune piquante,
Ton air m'enchante,
Tes doux regards
Tes yeux font naître
Des coups de fleche
De toutes parts.   *bis.*
 Charmante blonde
L'amour te gronde,
J'entens sa voix,
Préviens l'allarme
Il prend les armes
Et son Carquois.   *bis.*
 L'air de franchise
Est la devise De mon Amant;
Son cœur sincere
Sçait mieux me plaire
Qu'un soûpirant.   *bis.* FIN.

Autre Chanson nouvelle.

JE voudrois bien me marier
 Je ne sçai comment faire,
Ma Maîtresse n'a point d'argent
Et moi je n'en ai guere,
C'est-là le moyen justement
De faire maigre chere.
 Elle dit qu'elle n'a que dix écus,
     A iij

Ce n'est pas grande chose,
Moi qui n'ai point de revenu,
Et bien petite avance ;
Je la veux, j'y suis resolu,
Je dis ce que je pense.
    Elle a des attraits tout charmans,
Elle s'appelle Marguerite.
Elle a des petits yeux brillans
Comme une carpe fritte,
Elle a le nez asûrement
Fait en pied de marmite.
    Elle a les cheveux aussi blonds
Comme de l'écarlate,
Qui lui pendent dessus le front
Et sur ses deux joües plattes.
Son visage nous paroît rond
Ainsi comme une latte.
    Elle est fille de Tonnelier,
Elle me l'a bien fait voir ;
Car sa mere lui a tourné
Ses deux jambes en doloires,
Elle a les talons par devant,
Et les doigts par derriere.
    Ses complimens sont assez doux,
Son entretien bien drôle,
Elle sera quatre heures prés de vous,
Sans dire une parole,
Ce que je vous annonce à tous
Ne sont pas des frivoles.   F I N.

Autre, Sur l'air ; *Ton humeur est*
Catherine, &c.

IL y a dans ce voisinage
Un fort aimable Berger,
Mais d'un humeur si volage,
Qu'il ne se plaît qu'à changer ;
Quand il surprit ma tendresse
Je le crois plus constant,
Hélas ! il change sans cesse,
Faut-il que je l'aime tant.

Il me dit qu'il ne peut vivre
Sans m'aimer, ni sans me voir ;
Cependant je le fis suivre
Par Jeanneton hier au soir,
Il veilla chez la Climene,
Il en sortit fort content,
C'est tout ce qui fait ma peine,
Faut-il que je l'aime tant.

Hier même sur la fougere
Ce Berger audacieux,
Caressoit une Bergere
Et la baisoit à mes yeux ;
Je le vis, & je fus prête
De le bien battre à l'instant ;
Mais je baisé ma houlette,
Faut-il que je l'aime tant.

De la brune & de la blonde
Le fripon surprend les cœurs,

M'enchante tout le monde
Par sa charmante douceur,
Pour pousser ses avantures
Il n'épargne aucun serment,
Ses sermens sont des parjures,
Faut-il que je l'aime tant.　　FIN.
　　　　R E P O N S E.

Mon adorable Sylvie
Que vos reproches sont doux,
Et que mon ame est ravie
A ces mouvemens jaloux,
Que j'aime cette colere
Qui me fait voir vôtre amour,
Je vous aime ma Bergere,
Et vous aimerai toûjours.
　　　La prudente Celimene
Avec sa fine douceur,
Ni la coquette Climene
Ne possedent point mon cœur,
Si prés d'elle je me picque
D'étaler de beaux discours,
Ce n'est que par politique,
Je vous aimerai toûjours　　FIN.

_____

Chanson nouvelle, Sur l'air; C'est Cupidon
qui m'inspire, ou bien; Sur l'air;
c'est mon lonla.

L'Amour qui pour vous m'enflame
Me fait sentir ses efforts

Que vos yeux charment mon ame,
Qu'ils m'inspirent de transports
A mon lanla, landerirette,
A mon lanla, landerira.

Vôtre rigueur inhumaine
Vous fait tout me refuser,
Vôtre vertu fait ma peine
Et vient toûjours s'opposer
A mon lanla, &c.

Au tendre Amant qui vous presse,
Philis, laissez-vous aller,
Faites un essai de tendresse,
Pouvez-vous le refuser
A mon lanla, &c.

Des douceurs de la nature
Profitez en ce moment,
Vôtre sagesse en murmure;
Mais l'amour parle autrement
A mon lanla, &c.

De pitié vôtre ame atteinte
Paroît goûter ce discours,
Hélas! ce n'est qu'une feinte,
Et vous refusez toûjours
A mon lanla, &c.

Pour peu que dure ma peine
Vous allez perdre un Amant,
Ah! cessez d'être inhumaine
Et donnez soulagement
A mon lanla, &c.

Quoi ? sans être une inhumaine
Ne puis-je te refuser,
Tyrcis, je reffens ta peine,
Mais je ne puis accorder
A ton lanla, &c.

Ne crois pas que de ta flamme
Je ne partage l'ardeur,
Tu regne seul en mon ame,
Toi seul a droit sur mon cœur,
Mais ton lanla, &c.

Tu sçais qu'une loi severe
M'engage avec un epoux,
Je dois lui être sincere
Et redouter son courroux
Si ton lanla, &c.

Cesse, Tyrcis de te plaindre,
Enfin tu connois mon cœur,
Ce n'est pas sans me contraindre
Que je m'arme de rigueurs
Pour ton lanla, &c.

Ah ! quand l'amour est extrême
L'on raisonne rarement,
S'il est bien vrai que tu m'aime,
Pourquoi ce ménagement ?
Pour mon lanla, &c.

Je sçai qu'une loi t'engage
Sous un incommode epoux,
Mais, Philis, tu serois sage
De te vanger d'un jaloux.

Par ton lanla, &c.

 Rien en lui ne te peut plaire,
Son air est froid & glaceant,
Il a l'humeur trop severe
Et le cœur trop indolent
Pour ton lanla, &c.

 Tyrcis, ton ame amoureuse
N'ébranle que trop mon cœur,
Ah! que je suis malheureuse
D'avoir à garder l'honneur
De mon lanla, &c.

 Enfin, il faut que j'expire,
Je n'y puis plus resister;
Mais, hélas! ton cœur soûpire,
Que voudroit-il annoncer
A mon lanla, &c.

 Tyrcis, je te rends les armes,
Tu demeure mon vainqueur,
Cesse de verser des larmes
Je t'abandonne mon cœur, &c. FIN.

Chanson nouvelle, Sur l'air ; *J'entends déja le bruit des armes. &c.*

DE la discorde & sa cabale
 La paix rabat donc le caquet
Faisons tous boüillir la timbale,
Et déchargeons nôtre mousquet,
Nous n'avons plus besoin de balles,
Que pour joüer au bilboquet.

Revenez, revenez bons drilles,
Mettez sur le cul nos poinçons,
Revenez rejoüir nos filles,
Revenez faire la moisson,
Changez vos armes en faucilles,
Et vos tirbours en tirbouckons.

    Courons, courons à nos Musettes,
Allons danser sous nos Ormeaux,
Ni les Tambours ni les Trompettes,
N'allarmerons plus nos Hameaux,
Courons, courons à nos Musettes,
Allons danser sous nos Ormeaux.

    Le trouble fuit, la paix ramene,
Les jeux, les ris & les amours,
Sans craindre la guerre inhumaine,
Songeons à joüir de nos beaux jours,
Le trouble fuit, la paix ramene,
Les jeux, les ris & les amours.

    Ne nous plaignons plus des allarmes,
Que nous cause Mars en courroux,
Plus le plaisir coûte de larmes,
Les charmes en sont encore plus doux,
Ne nous plaignons plus des allarmes,
Que nous cause Mars en courroux.

F I N.

veu l'Approbation du Sieur Passart, permis d'imprimer ce 8. Octobre 1748.
            DE MACHAULT.

CHANSON NOUVELLE,
sur les amours de Jean & Jeanne.

Chantons les amours de Jeanne,
Chantons les amours de Jean,
Rien n'est si charmant que Jeanne,
Rien n'est si charmant que Jean,
Jean aime Jeanne,
Jeanne aime Jean
Joli, joli Jean,
Aime Jeanne, Jeanne,
Jeanne, Jeanne, Jeanne,
Aime joli Jean.

   Endimyon & Diane,
S'aimerent moins tendrement,
Bachus auprés d'Ariane,
Ne fut jamais si content,
Jean, &c.

   Dans une simple cabane,
Comme en un Palais brillant,
Jean reçoit l'amour de Jeanne,
Et Jeanne celui de Jean,
Jean, &c.

   Si l'amour de Jeanne est grande
Grande est l'amitié de Jean,
Ce que l'un des deux demande,
L'autre aussi-tôt y consent,
Jean, &c.

D   A

Quand on voit paroître Jeanne,
On voit bien-tôt venir Jean,
Oüi, dit toûjours nôtre Jeanne,
Et non jamais ne dit Jean,
Jean, &c.

Oüi, dit toûjours nôtre Jeanne,
Et non jamais ne dit Jean,
Ce que l'un des deux condamne,
L'autre auſſi-tôt le défend,
Jean, &c.

Quand Jean tocque la tocquanne,
Jeanne tocque à ſon Amant,
Comme dans l'eau vit la Canne,
Le vin eſt leur élement, Jean, &c.

Jamais ſon teint ne ſe fanne,
Car elle m'eſt fort ſouvent,
D'un coloris Diaphane,
Qui la rend d'un vif brillant,
Jean, &c.

Le vin ſurmontant au crane,
Les aſſoupit en beuvant,
Si l'amour reveille Jeanne,
Il reveille bien-tôt Jean,
Jean, &c.

Apprenez Amans prophanes
A former des nœuds charmans,
Sur l'amour de Jean & Jeanne,
Reglez vos engagemens,
Jean, &c.   FIN.

Réponse aux amours de Jeanne, sur le même air

JEan ne fait rien que pour Jeanne,
Et Jeanne fait tout pour Jean,
Jean aime tout avec Jeanne,
Jeanne n'aime rien sans Jean,
Jean aime Jeanne,
Jeanne aime Jean,
Joli, joli Jean aime Jeanne,
Jeanne, Jeanne, Jeanne,
Aime joli Jean.

On n'a qu'à chagriner Jeanne,
Si l'on veut voir pleurer Jean,
Si l'on veut voir rire Jeanne,
On n'a qu'à divertir Jean,
Jean aime Jeanne, &c.

Jean met la Table avec Jeanne,
Jeanne s'y place avec Jean,
A tout ce que touche Jeanne,
Aussi-tôt veut goûter Jean,
Jean aime Jeanne, &c.

De sa main l'aimable Jeanne,
Remplit le verre de Jean,
Toûjours la Tasse de Jeanne,
S'emplit de la main de Jean,
Jean aime Jeanne, &c.

Quand vous voyez coucher Jeanne,
Aussi-tôt se couche Jean,

A ij

Jean ne dort pas prés de Jeanne,
Jeanne veille auprés de Jean,
Jean aime Jeanne, &c.
 Comptez les soûpirs de Jeanne,
Je vous dirai ceux de Jean,
Jean commence avecque Jeanne,
Jeanne finit avec Jean,
Jean aime Jeanne, &c.
 Si toute Maîtresse est Jeanne,
Et si tout Amant est Jean,
La femme est une autre Jeanne,
Et l'Epoux un autre Jean,
Jean aime Jeanne,
Jeanne aime Jean,
Joli, joli Jean aime Jeanne,
Jeanne, Jeanne, Jeanne,
Aime joli Jean.   FIN.

Mariage de Jean & de Jeanne, sur le même air.

JEan vient donc d'épouser Jeanne,
 Jeanne est la femme de Jean,
Jean ne reconnoît plus Jeanne,
Et Jeanne méconnoît Jean,
Jean gronde Jeanne,
Jeanne fuit Jean,
Mari, mari Jean gronde Jeanne,
Femme, femme, femme fuit mari Jean,
 Tout ce qui revient à Jeanne,

est sûr de déplaire à Jean,
quand vous verrez rire Jeanne,
Vous entendrez gronder Jean,
Jean gronde Jeanne,
Jeanne fuit Jean,
Mari, mari Jean gronde Jeanne,
Femme, femme Jeanne,
Fuit mari Jean.

   Les mets qui ragoûtent Jeanne,
Soulevent le cœur de Jean,
Le lit où va coucher Jeanne,
Ce n'est plus le lit de Jean,
Jean gronde Jeanne,
Jeanne fuit Jean,
Mari, mari Jean gronde Jeanne,
Femme, femme Jeanne,
Fuit mari Jean.

   Le jour qu'expirera Jeanne,
Sera le beau jour de Jean,
On ne verra danser Jeanne,
Que sur la fosse de Jean,
Jean gronde Jeanne,
Jeanne fuit Jean,
Mari, mari Jean gronde Jeanne,
Femme, femme Jeanne,
Fuit mari Jean,

FIN

AUTRE.

Sur le prodige d'amour, Sur l'air; Tyrcis couchez sur l'herbette, ou bien; Non, non, autre air; Mes chers amis Bachus gronde.

JE t'aimois Berger volage,
Je t'aimois bien tendrement,
quand je t'ai donné pour gage,
de mon amoureux tourment,
Mon, mon, je n'ose en prononcer le nom,
Le feu m'en monte au visage,
Mon, mon, je n'ose en prononcer le nom,
C'est d'amour le plus beau don.

L'Avarice d'amour, même air.

DE vos yeux le doux langage,
S'est fait entendre à mon cœur,
Mais je crains si je m'engage,
de voir finir vôtre ardeur,
Non, non, si l'amour n'a qu'une saison,
Je veux finir son esclavage,
Non, non, si l'amour n'a qu'une saison,
Je veux garder ma raison.   FIN.

Autre. Sur l'air; d'Hanneton.

COüillon, volle, volle,
Mon amour banni ma raison,
profite en, mon aimable fripon,
de toi je suis folle,

Viens sur ce gazon avec ta Nannon
Joüer ce doux rôle,
Cotillon, &c.

Je le leve à discretion,
La doublure en est drôle,
Juge-en, dis-moi sans façon,
Celui de Nicolas est-il plus mignon,
Cotillon, &c.

De Maman j'en ai la leçon,
Cythere est mon ecole,
La sagesse est une Chanson,
Faut-il qu'on s'immole au qu'en dira-t-on,
Cotillon, &c.   F I N.

Autre, Sur l'air ; *Je veux garder ma liberté & mon humeur folette, &c.*

PRenons du vin dans ce repas,
  L'amour veut nous surprendre,
Bachus nous offre ses appas,
Sans nous les faire attendre,
Climene en ses lieux
Imitez les Dieux,
Donnez ou laissez prendre.

Au langage d'un tendre Amant,
On ne peut rien comprendre,
Je n'en parle point franchement,
Il faut oüir sans attendre,
L'homme en ses lieux,
Expliquez-vous mieux,

Donnez ou laissez prendre.
 Vous ignorez les douces loix,
Faut-il vous les apprendre,
N'est-ce pas nous parler François
De ne pas le deffendre,
Tyrcis en tous lieux
Ce qu'on offre aux Dieux
Il sçavoit bien le prendre. FIN.

AUTRE.

Quand mere sauvage,
 Dit dans ses leçons,
Que fille à vôtre âge
Doit fuir les garçons,
Vous devez répondre,
C'est ce que j'ai resolu
Lanturlu, lanturlu, lanturlu; FIN.

Autre, Sur l'air; *Vous qui vous*
  mocquez par vos ris.

Non, non, je n'ai jamais aimé,
 Si tendrement que j'aime,
Hélas! vous m'avez sçu charmer,
Mon amour est extrême,
Plûtôt mourir que de changer,
En ditiez-vous de même.
 Si vous n'êtes point disposée
A prendre pour partage
L'epoux que l'on vous a donné,

Il faut en femme sage
Chercher à vous defennuïer
Dans vôtre voifignage.
 Philis, aimez un cœur conftant
Qui pour vos yeux foûpire,
Et mettez fin à fon tourment,
Soulagez fon martyre,
Il vous demande pour prefent
Ce qu'il n'ofe vous dire. F I N.

Dialogue entre une Mere & fa Fille.
 Sur l'air; *Reveillez-vous*
  belle endormie.

Mariez-moi, ma chere mere,
Il eft tems de me fecourir,
Songez vîte à me fatisfaire
Et à me donner un mari.
  La Mere.
 Quoi ? vous voulez parler coquette
A prefent de vous marier,
Vous êtes encore par trop jeunette,
Ce n'eft pas à vous d'y fonger.
  La Fille.
 Ma mere, au printems de mon âge
Vous voulez encore différer ?
Tirez moi vîte de l'efclavage,
Puifque c'eft mon tour à gliffer.
  La Mere.
 Attendez encore quelques années ;

avant que de vous marier,
Puis l'on verra chose asseurez,
Si vôtre pere y veut songer.
La Fille.
Je n'attendrai pas d'avantage,
Ma mere, j'ai un serviteur,
C'est Colin de nôtre village,
Et je lui ai promis mon cœur.
La Mere.
Si vous prenez Colin, ma Fille,
Jamais vous n'aurez de mon bien,
Vous deshonnorez ma Famille,
Prenant un garçon qui n'a rien. FIN.

Autre, Sur l'air; *Mon cher Bacchus tout est perdu*, ou bien sur l'air;
de Joconde.

ECoute Amant triste & jaloux,
Ce que je te conseille,
Tu n'aime pas les yeux doux,
que j'aime la bouteille,
Ainsi que je la traite, apprend
A traiter ta Bergere,
Je la quitte dés que je sens
Qu'elle devient legere.

Mettons Venus avec le vin,
Nous ne sçaurions mieux faire,
Passons nos beaux jours sans chagrin,
C'est nôtre unique affaire,

On n'est plus heureux qu'on ne croit,
quand on est en débauche,
L'on boit cinq ou six coups à droit
Et bien autant à gauche.

   Nous sommes ici, mes chers amis,
Dans une joye profonde,
Point de chagrin, point de souci,
A cette table ronde,
Beuvons, mangeons, rions, chantons,
Nous payerons peut-être,
La Maîtresse de la maison
Si nous saoulons le Maître.

   Si j'étois le Berger Pâris,
Dans cette aimable Table,
Et qu'il falût donner le prix
A la plus adorable,
Sans consulter Pâris des Dieux,
Ni le conseil des hommes
A celle qui boiroit le mieux
Je donnerois la pomme.

   Vous voir Iris le verre en main
Vuider une bouteille,
Je dis quand vous êtes en train
Que vous faite merveille,
Mais on feroit bien du chagrin
Si l'on vouloit vous croire.
Car vous portez trop bien le vin
Pour ne sçavoir que boire.

   C'est le sentiment general,

De toute la Sorbonne,
De rendre le bien pour le mal,
Comme Dieu nous l'ordonne,
Je voudrois par un saint desir
Pour la jeune Climene
Lui donner autant de plaisir
Qu'elle me fait de peine.   FIN.

Autre, Sur l'air ; Ma mere étoit bien obligeante.

L'Amour aujourd'hui tout en larmes,
Se plaint hautement de nous deux,
Il dit que mon cœur a dérobé tout ces charmes,
Il dit que mon cœur a dérobé tous ses feux,
L'amour aujourd'hui tout en larmes,
Se plaint hautement de nous deux.
    Partez puisque Mars vous l'ordonne,
Partez trop aimable Guerrier,
J'espere de vous voir à la fin de l'Automne,
J'espere de vous voir tout couvert de Laurier,
Partez, &c.   FIN.

Vû l'Approbation du Sieur Passart, permis d'imprimer ce 17. Mars 1718.
        DE MACHAULT.

NOUVELLES CHANSONS.

ASsis sur l'herbette
Tyrcis l'autre jour,
Dessus sa musette
Chantoit son amour,
Cruelle Bergere
Qui sçais tout charmer,
Pourquoi sçais tu plaire,
Sans sçavoir aimer ?

   Depuis que tes charmes
Ont ravi mon cœur,
Je vis en allarmes,
Je tombe en langueur,
Cruelle Bergere, &c.

   Vois-tu dans la Plaine
Mon troupeau couché,
Qui ressent la peine
Dont je suis touché,
Cruelle, &c.

   Quand sur ma musette
Je forme des sons,
Le nom de Nannette
Est dans mes chansons,
Cruelle, &c.

   Tant que ma constance
N'a sçû te dompter,
Ton indifference

N'a fait qu'augmenter,
Cruelle, &c.

   Dedans ce bocage
Est-il un Berger,
Qui soit moins volage,
Qui soit moins leger ?
Cruelle, &c.

   Mais lorsque Nannette,
Ton cœur changera,
Alors ma musette
Sans cesse dira,
Aimable Bergere
Qui m'as sçû charmer,
Tu sçais plus que plaire,
Car tu sçais aimer.

   Aux bords du Village
Nous jouerons tous deux,
Je t'offre pour gage
Mes plus tendres feux,
Aimable Bergere
Qui m'as sçû charmer,
Tu sçais plus que plaire,
Car tu sçais aimer.   FIN.

Réponse à celle ci-devant, sur le même air.

HEureuse innocence,
  Plaisirs si parfaits,
Chere indifference
Où sont vos attraits ?

En vain par mes larmes
Mon cœur nuit & jour,
Rappelle vos charmes
Perdus sans retour.
 Prés d'une fontaine
Et dessous l'Ormeau,
Je laisse en la Plaine
Garder mon troupeau,
J'eu toûjours suivie
D'innocens p'aisirs,
Je passois ma vie
Dans l'heureux loisir.
 Fatale journée,
Funeste moment,
Où la destinée
M'offroit un Amant,
J'ai beau me défendre
Pour sauver mon cœur,
Mon cœur étoit tendre,
L'Amour fut vainqueur.
 Un loup plein de rage
Sortant du hameau,
Alloit le carnage
Porter au Troupeau,
Quand je vis paroître
Un jeune Berger,
Qui sans me connoître
Vint pour me vanger.
 Le loup par la fuite

A ij

Evita la mort,
Que n'ai-je à sa suite
Hazardé mon sort,
J'aois moins à craindre
Qu'avec ce Berger,
Ah! qu'on est à plaindre
Seule dans un Verger.

   D'un air tout de flamme
Tyrcis vint à moi,
De loin dans mon ame
Il jetta l'effoi;
Mais trop indiscrete
Quand je le vis mieux,
Je lûs ma défaite
Ecrite en ses yeux.

   Ma vertu rigide
En vain resista,
Sa bouche perfide
Me déconforta,
Je lui parus belle,
Il sçût m'enflammer,
Je le crûs fidelle,
J'osai l'écouter.   FIN.

Chanson nouvelle.

Dans ces lieux
Brille à mes yeux,
La charmante beauté,
Dont mon cœur est enchanté;

Grand'Dieu, qu'elle est aimable !
Mais peu traitable,
C'est trop risquer
Que de l'aimer.
   Sur les flots
Point de repos,
Dans l'Empire amoureux,
On n'est gueres plus heureux,
Qui quitte le rivage
Court au naufrage,
C'est trop risquer
Que de s'embarquer.
   Tout Amant
Comme le vent,
Est sujet à changer,
N'encourons point le danger,
Tel qui nous rend hommage,
N'est qu'un volage,
Méfions nous d'un vent si doux.   FIN.

Autre Sur l'air *de la jalousie.*

ON dit que vous m'êtes infidelle,
Et qu'ailleurs vous portez vos feux,
Tous les jours chez la belle Isabelle,
Vous allez passer une heure ou deux,
Si vous m'aimiez tendrement,
L'iriez-vous voir si souvent ?
Je vous trouverai quelque jour chez elle,
Je vous atraperai avec cette belle,
Et je vous y frotterai.

REPONSE.

Non Philis, je vous suis bien fidelle ;
J'ai pour vous toûjours les mêmes feux ;
Quelquefois chez la belle Isabelle,
Si je vais passer une heure ou deux,
Ce n'est qu'un amusement,
Je vous aime constamment ;
Vous avez mon cœur,
Ma charmante Reine,
Consultez l'Auteur
De la belle Chaîne,
Pourrois-je changer d'ardeur ? F I N.

Autre sur le veritable portrait des femmes.

POur connoître les femmes,
   Peignez-vous un Lutin,
Un vrai Tyran des ames,
Un réveille matin,
L'humeur d'un chat friant,
Une fine Marotte,
Les yeux d'un Basilique ardent,
La langue d'un serpent mordant,
La tête de linotte.
   Ajoûtez de la Lune
Les inégalitez,
La malice commune
D'un vieux Singe botté,
Coëffez bien tout cela

De fine mignonette,
Ajoûtez-y des falbalas;
Des pieds, des mains, & cœtera,
C'est la Femme complette. FIN.

Autre: Sur l'air, *Je suis fort bon Jardinier*,
 ou : *Quand je bois de ce bon vin.*

QUe le Trictrac a d'appas,
Belle, n'y joüerons-nous pas ?
Il est vrai, ce jeu
Me met tout en feu,
J'en veux être malade,
Pourvû que je vous fasse un peu
Tenir en embuscade, lan la,
Tenir en embuscade.

Vous joüez ce jeu si bien,
Qu'avec vous on ne prend rien;
Un Jean de trois coups,
Un grand Jean sur vous
Ne vous étonne guéres;
Un Jean qui ne peut rien sur tout
Pour vous tirer d'affaire, lanla,
Pour vous tirer d'affaire.

Quand vous avez mis dedans,
Vous remplissez à l'instant,
D'un si mauvais tour
Se plaindroit l'Amour,
Et romproit la partie,
Aussi tôt d'un Jean de retour

Une belle s'ennuye, lan la,
Une belle s'ennuye.
 A faire de petits Jeans
Vous reduisez donc les gens?
Mais tous ces grands coups
Sont toûjours pour vous,
Et tout mon sang se broüille,
De ne pouvoir vous prendre un trou,
Et perdre ainsi brédoüille, lan la,
Et perdre ainsi brédoüille.

Autre, Sur l'air : *Réveillez-vous belle endormie.*

TEs yeux d'une douceur extrême,
 Malgré moi me viennent charmer,
Veux-tu m'aimer, puisque je t'aime,
Ou ne me faire pas aimer.

 Objet à qui rien ne resiste,
Vous me promettez quelque espoir,
Mais mon cœur est fait pour Caliste;
En vain vous prétendez l'avoir.

 Ah! que Lizandre est ridicule,
Alors qu'il fait le Capitan,
Il n'a non plus l'ame d'Hercule
Qu'une mouche d'un Elephant.

 Votre Epoux toûjours en colere,
Vous bat quand vous ne faites rien;
De tout le mal qu'il vous peut faire,
Vangez-vous en faisant du bien.

Afin d'adoucir votre peine ;
Quand ce brutal vous traite ainsi ;
Il vous charge de bois Climene,
Vous l'en devez charger aussi. FIN.

Autre, Sur l'air : *Ne m'entendez vous pas.*

Quand je vois vos beaux yeux,
Je me sens tout de flamme,
Et j. goûte dans l'ame
Tous les plaisirs des Dieux,
Quand je vois vos beaux yeux.

En regardant mes yeux
N'ayez que de l'estime,
Je vous ferois un crime
De sentir d'autres feux
En regardant mes yeux.

N'irritez point l'Amour
Par votre indifference,
Trop de froideur l'offense,
Il punit sans retour,
N'irritez point l'amour.

Je ne crains point l'Amour
Dans mon indifference,
Si ma froideur l'offense,
Ce sera plus d'un jour,
Je ne crains point l'Amour,

Vanges-toi, Dieu puissant ;
Exauce ma priere,
Qu'elle sente la fiere
Toutce que mon cœur sent ;

Venges-toi Dieu puissant.
    Réponse sur le même air.

JUsques dans votre cœur,
Iris le froid penetre,
Que ne puis-je transmettre
Un peu de mon ardeur
Jusques dans votre cœur.

  Laissez en paix mon cœur,
Il veut être tranquille,
Vous en trouverez mille
Touchez de votre ardeur,
Laissez en paix mon cœur.

  J'en veux à votre cœur
Et non pas à mille autres,
En trouverois-je d'autres
Qui fissent mon bonheur,
J'en veux à votre cœur.

  Vous troublez mon repos
Par un amour si tendre,
Et je ne veux entendre
Ni vous ni vos rivaux,
Vous troublez mon repos.

  Descends, aimable Amour,
Viens embrazer mon ame,
Adoucis par les flammes
La rigueur de ce jour,
Descends, aimable Amour.

  Hâte-toi de venir,
Cette horrible froidure

Defole la nature,
Sans toi tout va perir,
Hâte-toi de venir. FIN.

Autre; Sur l'air de *Joconde, ou Mon cher Bacchus tout est perdu.*

J'Ai deux présens à vous offrir,
L'un vient d'une Déesse,
L'autre du Dieu qui fait fleurir
Les rives du Permesse ;
Daignez les recevoir tous deux,
Et s'il se peut encore,
Lizette, recevez les vœux
D'un cœur qui vous adore.

  Depuis trois mois je suis charmé
De ma bonne fortune,
Je suis également aimé
De la blonde & la brune,
La blonde est difficile à voir;
Mais hazard à la Banque,
  Je mange fort bien du pain noir,
Quand le pain blanc me manque.

  Rien n'est égal à la douceur
De votre beau visage,
Votre esprit, votre belle humeur,
Et vos beaux yeux m'engagent.
Quand vous tenez un verre en main,
Belle Iris, il me semble
Voir l'amour & le dieu du vin

Qui badinent ensemble.
   Le Berger Pâris couronna
Jadis une Bergere,
Et la Pomme qu'il lui donna
Etoit pour la plus belle;
Un Dieu, Princesse, dans ce jour
Vous rend le même hommage,
Recevez de ce Dieu d'amour
Cette Pomme pour gage.
   Il vous le donne par mes mains,
N'osant ici paroître,
Déguisé sous des traits humains,
Qui pourroit le connoître ?
Il vous suit par tout en ces lieux,
A vos pieds il s'attache,
Mais dans nos cœurs & dans vos yeux
Quelquefois il se cache.
   Vois-tu cette jeune beauté,
A la petite table,
La vois-tu boire une santé,
Oh Dieu ! qu'elle est aimable,
Le vin brille de mille attraits,
En approchant sa bouche,
Et l'Amour y trempe ses traits
Au moment qu'elle y touche.

FIN.

Vû l'Approbation du Sieur Passart, permis d'imprimer ce 8. Août 1718.

DE MACHAULT

LE PANTHEON BACHIQUE;

Sur l'air: *Ton humeur est, Catheraine.*

DE tous les Dieux que la Fable
Consacre en son Pantheon,
Il n'en est qu'un veritable,
Seul digne d'un si grand nom;
C'est Bachus que je veux dire,
Car des autres immortels,
Je crois qu'un buveur peut rire
Jusqu'aux pieds de leurs Autels.

  Jupin toujours redoutable
Tonne incessamment sur nous,
Bachus toujours favorable
Met à profit son courroux;
Car tandis que sur la terre
Ce fanfaron gronde en vain,
Bachus aux feux du tonnerre
Fait meurir notre raisin.

  Neptune a pour son partage
L'espace immense des eaux,
Bachus a pour appanage
Les vignes de nos côteaux;
Si le Trident formidable
Fait taire les vens mutins,
Mieux encore le Thyrse aimable

Calme les plus noirs chagrins.
    Pluton avec proserpine
Règne sur les sombres bords,
Je crois qu'ils font triste mine,
L'ennui devore les morts,
Dans cette Cour infernale,
Cher Bachus sois mon soutien,
Sauve moi d'être Tantale,
Du reste je ne crains rien.

    Mars criant par tout victoire,
Decide dans les combats,
Les victimes de la gloire
Suivent en foule ses pas,
Dans le Temple de memoire
Le Guerrier croit être bien,
Le nom du pere Gregoire
Durera plus que le sien.

    Les rimeurs avec emphrase
Vantent le Dieu d'Helicon,
Ils paroissent en extase,
Quand sa Lyre forme un son ;
Pensent-ils par leurs sornettes
M'enroller sous Apollon,
Le vin fait plus de poëtes,
Que l'eau du sacré vallon.

    Dans cette vieille querelle
De l'Amour avec Bachus,
J'appelle du parallelle,
Voici mes moyens d'abus.

L'amour par un doux peut-être
Abuse un cœur qu'il soumet,
Bachus n'est fourbe ni traitre,
Il tient tout ce qu'il promet.
   Minerve qui se fit prude
Aprés l'Arrêt de Pâris,
Par la science & l'étude
Cherche à regir nos esprits,
Tous ces grands dons de sagesse,
Sont un dangereux poison,
Un jour passé dans l'yvresse,
Vaut un siecle de raison.
   Eh quoi Vulcain se presente
Avec la belle Venus,
Il faudra donc que je chante
Le grand patron des Cocus,
Ce Cyclope à face noire,
Sans marquer tant de regrets,
Auroit bien mieux fait de boire,
Que de fabriquer des rets.
   Plutus dans un antre sombre
Devoré de mille soins,
Parmi des tresors sans nombre,
Se trouve encore des besoins,
Crois-tu, Plutus, qu'en esclave
J'aille languir sous ta loi,
Bachus a rempli ma cave,
Je suis plus riche que toi.
   Momus toujours prêt à rire,

Veut être mis en son lieu,
S'il aimoit moins la Satyre,
Ce seroit un joli Dieu,
Je les veux placer à table,
Bachus le trouvera bon,
Pour rendre un repas aimable,
Il faut du moins un bouffon.

 Laissons les Dieux, les Déesses,
Nos discours sont superflus,
Par pitié pour leurs foiblesses,
Chers amis, n'en parlons plus,
De Bachus & de sa gloire
Faisons retentir ces lieux,
C'est Bachus qui donne à boire,
C'est donc le plus grand des Dieux.

CHANSON NOUVELLE.

Passant par la Bourgogne,
Et voyant vos beaux yeux,
L'amour devint yvrogne,
Et Bachus amoureux,
Far la lira dondenne,
Far la lira dondé.

 L'on dit que mon parjure
A quitté son hameau,
Qu'il laisse à l'avanture
Le soin de mon troupeau,
Far la lira, &c.

 J'en suis toute inquiete,

Je crains que ce vainqueur
Me rende ma houlette,   bis.
Sans me rendre mon cœur,
Far la lira, &c.

  Quand je vous vois paroître
Avecque tant d'appas,   bis.
Pourrois-je vous connoître,
Et ne vous aimer pas,
Far la lira, &c.

  Engagez-vous Sylvie,
Suivez des nœuds si doux,   bis.
Le reste de ma vie,
Je n'aimerai que vous,
Far la lira, &c.

  Avant que tu t'engage,
Tu dois bien y penser,   bis.
Et sur-tout d'un volage,
N'en fais point ton Berger,
Far la lira, &c.

  Choisis un Amant sage,
Amoureux & discret,   bis.
Qui tend au badinage,
Et garde le secret,
Far la lira, &c.

  Je ne puis me resoudre
A ne vous voir jamais,   bis.
Quand je serois en poudre,
Sur vous je volerois,
Far la lira, &c.

                  A iij

Quand vous iriez vous rendre
Dans le fond d'un rocher,   bis.
Mon cœur fidele & tendre
Sçauroit vous y chercher,
Far la lira, &c.

   Si vous étiez moins belle,
J'en serois plus heureux,   bis.
Vous êtes trop cruelle,
Et moi trop amoureux,
Far la lira, &c.

   Je sens que dans mon ame,
L'amour est le vainqueur,   bis.
Qu'une secrette flamme,
S'empare de mon cœur,
Far la lira, &c.

   Je bois à une brune
Que j'ai long-tems aimé,   bis.
Je vous prie cantarale,
De boire à sa santé,
Far la li a, &c.

   Sous l'amoureux Neptune,
Puisqu'il nous faut voguer,   bis.
Avec toi belle brune
Je voudrois m'embarquer,
Far la lira, &c.

   Mon mari a la tête
Plus dure qu'un rocher,   bis.
Le bois n'y sçauroit croître,
Quoiqu'il soit bien planté,
Far la lira, &c.   FIN.

Suite de la Chanson précedente, sur le même air : ou sur l'air, *Et vogue la Galere.*

L'Amour veut me surprendre,
Mais il le veut en vain,
Car j'ai pour m'en deffendre
Toujours le verre en main : Et vogue.
   Si pour me satisfaire
Tu n'as que des soupirs,
Cherche ailleurs à qui plaire,
Il me faut des p'aisirs : Et vogue, &c.
   Quand vous seriez aimable,
Si vous voulez m'aimer,
Rendez-vous plus traitable,
Autrement je mourrai : Et vogue, &c.
   Iris sois moins severe,
Je serai ton Berger,
Je briserai mon verre,
Si je puis t'engager : Et vogue, &c.
   Quand je vous vis à table
Pour la premiere fois,
Amoureux comme un Diable,
Vous dire je n'osois : Et vogue la Ga-
   lere,
Tant qu'elle, tant qu'elle, tant qu'elle,
   Et vogue la Galere,
Tant qu'elle pourra voguer.

CHANSON NOUVELLE.
Sur l'air : Au bal du Cours les Dames.

Dans un bocage sombre
Marthe apperçût Lucas
Qui reposoit à l'ombre,
Mais qui ne dormoit pas,
Hela ! puis qu'à présent
Nous sommes seuls, dit Marthe,
Passons joyeusement le tems,
Mais le pauvre innocent d'Amant
Lui dit, joüons aux Cartes.

Elle eut la complaisance
De joüer au picquet,
Mais son ennui, je pense,
Chaque instant redoubloit,
Quand la belle perdant,
S'écria fort outrée,
Je perds-là sotement mon tems,
Avec toi l'on n'est pas, Lucas,
Heureuse à la rentrée.   FIN.

Chanson nouvelle, sur le même air.

Nous lisons dans l'Histoire
Que dans le siecle d'or,
Sans envie, ni sans gloire,
Sans chercher des tresors,
Chacun sans embaras
Des richesses communes

Y vivoit sans façon, don, don,
Content de son état, lan la,
Sans craindre la fortune.
 Mais quelle différence
Dans ce siecle maudit,
On ne voit qu'insolence
Et que mauvais esprits,
Par brigues & par fracas,
Par d'indignes finesses,
Se pousse un fanfaron, don, don,
Qui pourtant n'a d'éclat, lan la,
Que parmi ses richesses.   F I N.

Chanson nouvelle : Sur l'air, *Ma mere*
 étoit bien obligeante, &c.

JE suis d'une honnête famille,
 Parfaitement bien allié,
Ma mere resta toujours fille,
Mon pere jamais marié,
Je suis d'une honnête famille,
Parfaitement bien allié.
 Mes parens suivent cette mode,
N'aimant pas le brillant fracas,
Prétendant par cette Methode,
Epargner les frais du Contrat,
Mes parens suivent cette mode,
N'aimant pas le brillant fracas.
 Je veux avoir bon équipage,
Et devenir un gros Seigneur,

A v

Car ma mere prêtoit sur gage,
Et mon père étoit agioteur,
Je veux avoir bon équipage,
Et devenir un gros Seigneur.

   Mon pere étoit fort honnête homme,
Mon frere l'étoit encore plus,
Mon pere voloit tout le monde,
Mon frere dépouilloit tout nud,
Mon pere étoit fort honnête homme,
Mon frere l'étoit encore plus.   FIN.

CHANSON NOUVELLE.

D'Un songe agréable,
    Cloris,
Mes esprits
Sont encore surpris,
J'ai cru cette nuit,
Par mon amour séduit,
Vous trouver favorable,
Dans ce songe aimable
Vous étiez traitable,
Douce, tendre, affable,
Mon sort étoit divin,
Car si quelque maudit lutin,
Ne m'eut pas reveillé soudain,
Nous étions en train,
Et j'allois enfin
J'allois vous baiser la main.

   La folle jeunesse

Sans frein
Cherche en vain
Un bonheur certain
En courant sans fin
De la tendresse au vin,
Du vin à la tendresse,   bis
La triste vieillesse,
Prêche en vain sans cesse
L'austere sagesse
D'un ton rude & chagrin ;
Mais dans un âge meur & sain,
Quand on mêle à ce jus divin
Un peu de Catin,
On tient le chemin
Qui mene à l'heureux destin.
    Petite Bergere,
Tais-toi,
Quand je boi,
Fais tout comme moi,
Notre unique emploi
Sous l'amoureuse loi
Doit être de nous plaire,   bis
Sans le Dieu du verre,
Celui de Cythere
Languit & s'altere
Dans le sein des faveurs ;
Bachus r'anime nos ardeurs ;
Il serre les nœuds de nos cœurs ;
C'est à sa liqueur

                    A vj

Que l'amour vainqueur
Doit sa gloire & mon bonheur. FIN.

Chanson nouvelle : Sur l'air des *Pelerins de saint Jacques*.

Las de courir la terre & l'onde,
Les jours & nuits,
Je viens ici voir le beau monde
Sous cet habit,
Je viens y chercher mon bonheur
Et l'avantage,
Y fixer les souhaits de mon cœur
Et mon pelerinage.
 Je viens souhaiter bonheur aux belles,
N'en doutez pas,
Voyez ces tasses & ces écuelles,
Cuilleres & plats,
Enfin dans tout l'assortiment
Et équipage,
Vous voyez un commencement
Pour se mettre en menage.
 Ah ! si l'amour ou la fortune
En ma faveur,
Peut d'une blonde ou d'une brune
Toucher le cœur,
J'emploirai jusqu'à mon bourdon
A son service.
Si jamais il lui fait faux bon,

Que l'amour me punisse. FIN.

CHANSON NOUVELLE,
Sur l'air : De la jalousie.

Croyez-vous par des apparences
Amuser plus long-tems mon cœur,
J'ai tout seul part aux apparences,
Un autre a toute votre ardeur,
Tandis que vos beaux discours
Me promettent de beaux jours,
Chaque nuit malgré vos promesses,
D'un rival, ingrate maîtresse,
Vous écoutez les amours. FIN.

Chanson nouvelle, suite d'un Menuet nouveau ; Sur l'air ; Que la paix a d'attraits l'Hymen, &c. ou de l'Opera d'Hypermenestre.

Que le vin est divin
Contre la tendresse,
Pauvres Amans
Soyez constans
Aux maîtresses,
Livrez-vous
Comme nous
Aux douceurs
Du bon goût,
Renoncez à Venus

N'aimez que Bachus.

 Aux douceurs d Manon,
Mes chers camarades,
Depêchons-nous
De boire six coups
A razade
Le plaisir de son tein
Dissipe mon chagrin,
Et fait naître à mon cœur
Des desirs d'ardeur.
 Si la Lune, ma brune
Par trop vous obsede,
J'ai avec moi
Sans nommer quoi
Le remede
Souverain & divin
pour exiler soudain;
Il fait en le prenant
Un plaisir charmant.
 Ton rayon, ma Fanchon,
Allume ma flamme,
Quand je ressens
Ce feu ardent
Dans mon ame,
Tous mes sangs
Languissans
Agitez & mourans,
Le frison me saisit
Et je rend l'esprit.

Aimons-nous
Qu'il est doux
De porter des chaînes,
Le plus beau jour
N'a sans amour
Que des peines,
Cedons tous aux douceurs
Qu'il promet à nos cœurs,
Laissons-nous enflammer,
Tout naît pour aimer.
   Le serment
D'un amant
A même des charmes,
Le Dieu des cœurs
Met des douceurs
Aux allarmes,
Et son sort n'est il pas
Le plus beau d'ici bas,
Quand l'objet de ses vœux
Répond à ses feux.

CHANSON NOUVELLE,
Sur l'air ; *Haneton vole, vole, vole.*

Haneton vol.. vol.. vol.. le
Si tôt que la belle Saison
A fait fleurir la rose & le bouton,
Mon amant s'envole comme un papillon
Prés de Janneton ou prés de Nicole,
Haneton vol, &c.

De courir aprés le fripon
Je ne suis pas si folle
Je le prens sur le même ton,
Et je m'en console avec Lauridon,
Hanneton vol.. vol.. vol.. le. FIN.

CHANSON NOUVELLE,
Sur l'air ; Ce Pâté qu'on apporte.

Iris est plus charmante
Que l'Aurore naissante,
La jeunesse brillante
N'eut jamais tant d'appas,
Tout le monde l'adore   Flore
Et moins belle & moins fraîche. Qu'elle,
Venus même n'a-pas
Tant d'amour qui marche.
Sur ces pas.
   Qu'Iris est adorable,
Quand d'un air agréable
Au plaisir de la table
Elle mêle sa voix,
Quand sa bouche riante   Chante
On diroit qu'Amaranthe.   Tente
Une seconde fois
De ranger quelque Amant sous ses loix,
   Que vos yeux sont à craindre,
Iris j'ai beau m'en plaindre,
Rien ne peut vous contraindre

D'aimer à votre tour,
Si je pouvois vous rendre　　　　Tendre
Quel plaisir de vous faire　　　　Faire
Ce que jusqu'en ce jour
Vainement vous demande l'amour.

Chanson nouvelle.

POur passer notre vie,
Sans crainte & sans envie,
D'Aminthe & de Sylvie
Détournons nos desirs,
Faisons tous de bien boire　　　　Gloire
Et que l'amour perfide　　　　Guide
Poussez de vains soûpirs,　　　　Desirs
Bachus seul donne de vrais plaisirs.
Toi dont l'humeur si fiere
Ne se plaît qu'à la guerre,
D'un coup de Cimeterre
Tranche-moi ce Jambon,
Presente-lui bataille,　　　　Taille
Menu comme une soupe,　　　　Coupe
Tout ce qu'il a de bon,
C'est le moyen d'avoir un grand nom.
Ce pâté que l'on apporte
Est une place forte,
Cher ami que l'on m'escorte,
Allons tous à l'assaut,
Faisons sur cette ouvrage　　　　Rage,
Que sa muraille haute　　　　Saute

Cherchons en le défaut,
Bachus nous aidera comme il faut.

La Metamorphose des gueux : Sur l'air
Ton humeur est Catherine.

JE suis Marquis prêt à boire,
Homme alerte & vigoureux,
Je n'ai ni fierté, ni gloire,
Je vis comme un bien-heureux,
Sans chagrin, ni sans envie
Je me donne du bon tems,
Je passe gayment ma vie
Dans la ville & par les champs.

Je n'ai ni maison, ni rente,
Ni métier ni, revenu,
Mais par mon humeur plaisante
Par tout je suis bien venu,
En dépit des gueux qui grondent
Gens de ma capacité,
Je roule parmi le monde
Demandant la charité.

J'ai pris pour mon camarade,
Robinette fouille au pot,
Elle sçait battre l'estrade,
Et entend à demi mot,
Dans cette Saison si belle
De l'agréable Printems
Tous deux battons la semelle
Comme un ménage volant.

Rien du tout ne m'embarasse,
Je suis un bon ouvrier
A traîner une besace,
J'en sçai fort bien le métier,
J'ai plus de ruse & finesse,
En moi seul que tous les gueux,
Car je fais par mon adresse
De mon corps ce que je veux.

Je fais fort bien l'hidropique,
Le manchot & le boiteux,
L'aveugle & paralitique,
Je le fais quand je le veux,
Je m'entortille la tête
D'emplâtre & de vieux chiffons,
Plus fin que moi n'est pas bête,
Je sçai mon métier à fond.

Afin qu'un chacun me donne,
Je m'en vais toujours disant
Donnez s'il vous plaît l'aumône
A ce pauvre languissant,
Sans découvrir ma malice,
Les gens d'honneur & de bien
Charitablement me glissent
Le sol marqué dans la main.

Quand j'ai fini ma journée,
Je me mocque du caquet,
Je vais passer la soirée
Dedans un bon cabaret,
Quand j'ai le pied sous la table,

Je chante & bois à long traits,
La vie des gueux est aimable,
Je ne la quitte jamais.
 Je ne crains point la furie
Des Sergens, ni des Records,
J'ai porté toute ma vie
Tout mon bien dessus mon corps
Si par malheur où je loge,
Le feu prend soir ou matin,
Sans compliment je déloge,
Et sauve tout mon butin.
 Je suis exemt de la Taille,
D'impôt aussi de Procez;
En tout tems je fais ripaille,
Cela me rend le tein frais,
Je me plais au tintamare,
Je dors en dépit des rats,
Je sçai bien sans dire garre
Me tirer de l'embarras.
 Ma profession est plus drolle
Que celle d'un charlatan,
Quand on sçait joüer son rolle
En tous lieux l'on vit content,
Mais il faut, je vous le jure,
Pour s'y rendre bien-heureux,
Sçavoir les gestes & postures
Que font aujourd'hui les gueux.

FIN.

Chanson nouvelle : Sur l'air, *L'une est blonde,*
&c. ou bien, *A l'ombre de ce verd*
bocage, &c.

Pour couler doucement sa vie,
Il faut dit-on être amoureux ;
A Philis, ou bien à Sylvie
Irai-je presenter mes vœux,
Sylvie est blonde & Philis est brune,
Chacune m'enchante & me plaît,
Amour viens regler ma fortune,
Et m'en détermine le choix.

Venez aimable simpathie,
Favorisez mon tendre cœur,
Si vous êtes de sa partie,
Tout viendra flatter mon ardeur ;
C'est vous dont la secrette force
Sçait unir au premier regard
Par une douce & tendre amorce
Deux cœurs qu'à conduit le hazard.

Que l'union des cœurs est douce,
Que de biens y sont attachez,
Les soûpirs même que l'on pousse
Renferment des plaisirs cachez,
Heureux ceux qui dans la tendresse
Passent leurs jeunes & vieux jours,
Et sur tout lorsque leur maîtresse
Daigne répondre à leurs amours.

F I N.

Le Moulin. Chanson nouvelle de la Foire
Germain 1717.

D<small>Ans</small> nôtre Moulin
L<small>E</small> meûnier Colin,
Careſſant ſa ménagere,
Il a ſoin de ſa meûniere,
Ticque ticque tac & lon lan la ;
Il a ſoin de ſa meûniere
Et de ſon moulin.

Dans nôtre moulin,
L'on vit ſans chagrin,
Tu ſçais qu'elle eſt mon adreſſe,
Et que jamais je ne laiſſe
Ticque ticque tac & lon lan la ;
Et que jamais je ne laiſſe
Chommer ton moulin.

Ton Garde-moulin,
Charmante Catin,
C'eſt un drolle infatigable,
Il travaille comme un Diable,
Ticque ticque tacque & lon lan la ;
La nuit au moulin. *bis.* FIN.

Chanſon nouvelle de la même Foire.

L'Oiſeau que l'on met en cage
Aſpire à ſa liberté,
Et de ſa captivité
Souvent il ſe dédommage ;

Une fille de quinze ans
Ne se garde point long-tems.
    Un jaloux en sentinelle
Qui cache les Damoiseaux,
Garde souvent les manteaux,
Croyant garder une belle,
Une fille de quinze ans
Ne se gardent point long-tems.
    Quand on renferme une fille,
Elle force les prisons,
Et ce sont des limaçons
Qui sortent de leurs coquilles,
Une fille de quinze ans
Ne se garde pas long-tems.
    L'on prend de vaines mesures,
Pour un objet plein d'appas,
Malgré tous les cadenats
L'amour ouvre les serrures,
Une fille de quinze ans
Ne se garde point long tems.

Chanson nouvelle; Sur l'air, *Du Remouleur.*

A L'innocente fille
  Dans peu je r'habille
Les torts secrets
Que gens mal-adroits
Font de jeunes attraits,
Viens ma pauvre enfant
Qu'un perfide Amant

Perdit imprudemment,
Je remoudrai, J'éguiserai,
Pour toi ma meule tourne,
Tourne, retourne,
Le plus fin y sera trompé.
    Point de flamme naissante
La blonde charmante,
Qu'un sort si doux   Loge parmi nous,
Mon cœur est tel pour vous,
Ce brun plein d'amour
Qui vient chaque jour
Lui faire ici sa cour,
Qui complaisant   Et bien disant,
Toujours vers elle tourne, tourne & re-
    tourne,
Doit être l'heureux Amant.   FIN.

Autre, Sur l'air, *Nos charmans rivages*
    sont peuplez d'amours.

A Uprés de Nanterre
  J'étois l'autre jour,
Le Dieu de Cytherre
Y tenoit sa Cour,
Bachus vint dans le village
Il y soupira,
L'Amour vint lui rendre hommage
But & s'enyvra.   FIN.

Veu l'Approbation, permis ce 5. Mars 1718.
            DE MACHAULT.

MUSETTE NOUVELLE.

J'Entens là-bas dans la Plaine
La Musette de Tyrcis,
Et déja prés de Climene
Je vois ce Berger assis ;
Tout favorise
Leur douce entreprise,
Flore & les Zéphirs
Comblent leurs desirs :
Mais tandis que leurs Troupeaux paissent
  en paix,
L'Amour les blesse de ses traits :
Ah ! que d'attraits,
Void comme ils s'embrassent,
Comme ils s'entrelassent,
Tous leurs momens
Sont doux & charmans :
   Ah ! quelle folie
   De passer sa vie
Sans ces doux plaisirs,
   Et ces loisirs ;
De l'Amour
En ce jour
Reprenons l'usage,
  Badinons,
  Folâtrons,

G   A

Et vivons contens ;
Quand l'âge a glacé nos sens,
Nous passons le temps
Dans un triste esclavage ;
Profitons des ris, des plaisirs amoureux,
Dans nôtre Printemps tout doit combler
   nos vœux. FIN.

Chanson à Tâte-poule. Sur l'air, Je voudrois bien me marier ; ou, J'aime les Enfans de Bachus ; ou, J'aime le Vin, j'aime l'Amour, &c.

Venez ici petits & grands,
   Accourez tous en foule,
Je vais chanter à ce moment
La Chanson à Tâte-poule,
Fort agréable pour le temps,
Car depuis peu elle roule.

   Jean, Claude, Nicolas, Martin,
Daniel, George & Blaise,
François, Pierrot, aussi Quentin,
Je vais vous faire bien aises,
Je crois que dans le mois de Juin
Nous cueillerons des fraises.

   Tâte-poule dit, je suis heureux
Tout seul dans mon ménage,
Je me couche & leve quand je veux,
Je fais mon tripotage ;

Bien souvent alors qu'on est deux,
On se fait du ravage.

Quand je suis levé du matin,
Je balaye la cuisine :
Si je fais mal, si je fais bien,
Nul ne me rechigne,
Point de complaisance pour Catin,
Encore moins pour Claudine.

Je tire la Vache promptement,
Je tâte l'œuf aux poules,
Aussi le lait diligemment
Fort promptement je coule,
Le beurre & fromage je vend,
Quelquefois des andoüilles.

Chez moi l'on ne voit point d'enfant
Pour troubler mon ménage,
Du pain l'un iroit demandant,
Et l'autre du potage ;
De tout cela je suis exempt,
C'est un bel avantage.

Un jaloux n'est jamais content
Dans son triste ménage,
Car il croit voir à tout moment
Quelqu'un faire son ouvrage ;
Vous les voyez le plus souvent
Sans force ni courage.

Si je suis avec un ami
Pour aller boire chopine,
Je rentre chez moi sans souci,

A ij

Nul n'y fera la mine ;
Que j'y sois le jour & la nuit,
Je ne crains pas Claudine.

 Pauvre homme vous êtes appellé
Sac à vin & yvrogne ;
La Femme dit : Va-t-en crevé
Chercher ta besogne,
Et le plus souvent maltraité
Encore s'il y raisonne.

 Il faut se résoudre, Garçon,
Lorsqu'on veut prendre femme,
Avoir dedans la maison
Bien souvent du vacarme,
Encore les cheveux d'Acteon
Assez tôt pour vos armes.

 Je ne crains point le Cavalier,
Mais garde l'Infanterie,
Car à force il faut travailler
Pour leur gagner la vie :
Mariez-vous si vous voulez,
Je n'en ai point d'envie.   FIN.

Chanson Bachique, sur le même air cy-devant.

J'Aime le Vin, j'aime l'Amour,
 A qui me dois-je rendre ?
Si Cupidon me fait la cour,
 Bachus veut y prétendre :

A qui donc rendrai-je mes vœux,
Puisqu'aux deux je suis tendre ?
   Si les yeux de ma belle Iris
Ont sçû charmer mon ame,
Bachus me faisant un soûris,
Sçait éteindre ma flâme,
Me donnant de son jus charmant,
J'abandonne les Dames.

   Tout m'est beau, tout me semble
     doux,
L'amour & la bouteille,
Je n'ai ni rivaux, ni jaloux,
Estant prés de la treille ;
De même auprés de ma Catin,
Je bois & me réveille.

   L'Amour a de tendres appas,
Mais Bachus a des charmes ;
C'est lui qui fait les bons repas,
Et bannit les allarmes :
Je boirai donc le long du jour,
La nuit j'aurai les armes.

   Heureux qui ne fait aucun choix
D'amour ni de la treille,
Aimons tous les deux à la fois
L'amour & la bouteille,
Avec l'yvrogne, avec l'amant,
La joye est sans pareille.

F I N.

Autre de l'Enfant sans-souci, sur les mêmes airs cy-devant.

J'Aime les Enfans de Bacchus,
J'aime la Table ronde,
Je mets les tonneaux sur le cul,
Quoique l'amour en gronde ;
Fy de l'amour, ce n'est qu'abus,
Fy des Brunes & des Blondes.

La bouteille a bien plus d'appas
Qu'une Beauté severe,
Je passerai jusqu'au trépas
Ma vie entre les verres ;
Aimons toûjours les bons repas,
C'est une bonne guerre.

Je vis content loin de Catin
Estant prés de la treille,
Je n'ai ni souci, ni chagrin,
Auprés de ma bouteille,
Caressant toûjours le bon vin
Mon amour fait merveille.

Ah ! qu'un Amant est malheureux
D'aimer une Inhumaine,
Il croit que son sort est heureux
De se voir à la chaîne ;
Mais moi j'aime mieux le vin vieux,
Pour boire à tasse pleine.

Approchez de moi bons Garçons,

Je vous apprendrai comme
On vuide les verres & flacons
Dans le temps où nous sommes,
Vous serez aimans le bon vin
Les plus heureux des hommes.
Je voudrois bien me marier,
Je ne sçai comment faire,
Ma Maîtresse n'a point d'argent,
Et moi qui n'en ai gueres;
C'est-là le moyen justement
De faire maigre chere.   FIN.

Chanson Nouvelle.

Aimons-nous, Iris, tendrement,
Est-il un sort plus digne d'envie?
Aimons-nous, Iris, tendrement,
Aimons-nous, aimons-nous constam
  ment.
Que la vieillesse est ennuyeuse!
Quoi! suivra-t-elle en tous lieux nos
  pas?
La grondeuse
Est ennuyeuse,
Croyez-moi ne l'écoutons pas:
Aimons-nous, &c.
Maman me dit tous les jours
D'éviter le beau Berger que j'aime,

Maman me prêche tous les jours
D'éviter, d'éviter le Dieu des amours :
Pour moi je la laisse dire,
Aimer est-il un sort plus doux ?
Quel martyre !
Et peut-on rire,
Quand on ne ressent point d'amour ?
Maman, &c.

Quand l'âge a glacé tous nos sens,
Pere & Mere nous prêchons merveille ;
Quand l'âge a glacé tous nos sens,
A quoi bon nous gêner à nôtre printemps ?
Il vient un temps, Où l'on est sage
Plus qu'on ne veut ;
Chacun y viendra,
Quel passage ! Et l'on enrage
Lorsqu'on n'a pas fait cela :
Quand, &c. FIN.

Chanson Nouvelle. Sur l'air, *Ah ! si je-
sois, mais je n'ose vous le dire* : Ou sur
l'air, *des Folies d'Espagne.*

JE possedois une heureuse innocence,
Jamais l'amour n'avoit sçû m'allarmer,
Vous seul, Tircis, malgré ma résistance,
M'avez fait voir ce que c'est que d'aimer.
 Vous me juriez une ardeur éternelle,

Je vous croyois plus de sincerité ;
Vous en contiez autant à chaque Belle,
C'en estoit trop pour dire verité.
 Je sçai fort bien qu'une autre vous engage,
Le changement a pour vous mille appas,
Suivez, Tircis, vôtre panchant volage,
D'autres que vous ne m'y tromperons pas.
 Quoi ! vous partez, adorable Sylvie,
Un tendre cœur n'a pû vous retenir ;
Ah ! c'en est fait, je renonce à la vie,
Loin de vos yeux sans doute il faut mourir.
 A ce départ, helas ! qui vous engage,
Trouverez-vous un plus parfait Amant ?
Ah ! je vois bien qu'il vous faut un volage,
Qui comme vous, n'aime plus qu'un moment.
 Qu'à mon repos ce voyage est funeste,
Vous enlevez mes plaisirs, mes beaux jours ;
Vous m'ôtez tout, Iris, il ne me reste
Qu'un doux espoir de vous aimer toûjours.
 Loin des tourmens d'une vaine constance
Mon cœur brûloit toûjours de nouveaux feux ;
Ah ! j'ignorois de vos yeux la puissance,

A v

Vous seule, Iris, pouviez fixer mes vœux,
Si vos rigueurs me causent quelque peine,
Dessous vos loix je sens mille plaisirs ;
Charmante Iris, je veux porter vos chaînes,
Jamais mon cœur n'aura d'autre que vous.
Adieu, je parts, & vous serai fidelle,
Et je promets mourir à vos genoux ;
En quelque endroit que le destin m'appelle,
Jamais mon cœur ne sera que pour vous.

F I N.

Autre. Sur l'air, *Tes beaux yeux ma Nicole, &c.*

J'Ai fait une Maîtresse
Il n'y a pas long temps,
Elle est jeune en tendresse,
Elle a des agrémens ;
Quoi qu'elle n'ait point d'écharpe,
Ni jupe en falbala,
Elle a bien autre chose
Qui surpasse cela.
Un jour que la cruelle
Fuyoit de voir mes pleurs,
Je courus après elle,
Lui contant mes douleurs :
Arrêtez, Inhumaine,

Lui dis je tout d'abord,
Mettez fin à mes peines,
Ou me donnez la mort.
 Cupidon fort habile
Vint au-devant de moi,
Et arrêta la Fille,
En lui disant pourquoi
Fuyez-vous, Inhumaine,
Vôtre nouveau Berger ?
Vous fait-il quelque peine
Pour le vouloir changer.
 Que demande l'Amour,
Répond-elle soudain,
Amant espere un jour,
Je te donnerai la main ;
Il faut que je confesse,
Ne t'en étonne pas,
Que ton amour me presse,
Je marche sur tes pas.
 D'un absolu langage
Elle dit sans façon,
Tenir un cœur en cage
Ce n'est plus la saison ;
De doux plaisirs mutuels
Durent dans ces déserts,
Aussi-tôt qu'une Fille
Voit la feüille à l'envers.

FIN.

CHANSON NOUVELLE.

Les veritez des Servantes de Paris. Sur l'air, La faridondaine, &c.

IL n'est point de meilleur Pays
Que celui de la Ville ;
Mais entr'autres vive Paris
Pour une pauvre Fille,
Elle y roule condition,
La faridondaine, la faridondon,
Et y fait bien son compte aussi, beriby,
A la façon de Barbari mon ami.

Je faisois il y a trois ans
Une triste figure,
Je n'avois ni pain, ni argent,
Misere toute pure ;
Mais en trouvant une Maison,
La faridondaine, la faridondon,
J'en ai bien gagné Dieu merci, beriby,
A la façon de Barbari mon ami.

Il ne faut qu'un peu de talent
Pour se tirer d'affaire,
J'eusse peut-être bien long-temps
Vécu dans ma misere ;
Mais quand on a le cottillon,
La faridondaine, la faridondon,
En peu de temps l'on s'enrichit, beriby,

A la façon de Barbari mon ami.
  Lorsque je vint de mon pays
Je n'eſtois qu'en guenilles,
Je n'avois pour tous mes habits
Que deux vieilles mandrilles ;
Je ne portois point de jupon ,
La faridondaine, la faridondon ,
Et je montrois mon cul quaſi , beriby,
A la façon de Barbari mon ami.
  Aujourd'hui ce n'eſt plus cela
Je porte la griſette,
La belle jupe en falbala ,
Et la fine cornette ;
Mais graces à mon corbillon ,
La faridondaine, la faridondon ,
Car je ſerois miſe ſans lui , beriby ,
A la façon de Barbari mon ami.
  Que je l'eſtime, & qu'il me vaut
Chez ma bonne Maîtreſſe ,
Je ſçai l'attraper comme il faut
Sans que rien y paroiſſe ;
Je lui double les Ducatons,
La faridondaine, la faridondon ,
Diſant que tout eſt rencheri, beriby,
A la façon de Barbari mon ami.
  Mais écoutez ce n'eſt pas tout
Comme je ſuis friande,
Lorſque j'apprête un bon ragoût,
Je goûte de la viande ;

Je fers après le durillon,
La faridondaine, la faridondon,
Et contente mon appetit, beriby,
A la façon de Barbari mon ami. FIN.

---

*Entretien d'un Gentilhomme avec une jeune
Demoiselle.* Sur un air nouveau.

D'Une Brune j'ai fait un choix,
Croyant qu'elle auroit de l'amour
pour moi ;
Mais elle est un peu trop severe,
Je le connois par ses manieres.

Un matin je lui demandai,
Jolie Brunette veux-tu bien m'aimer,
Je te ferai bien-tôt Demoiselle,
Portant des fontanges & dentelles.

Elle me répond : Sortez d'ici,
C'est un bonheur qui vous fera plaisir ;
Tirez-vous trois pas en arriere,
Parce que voici venir ma mere.

Ta mere peut-elle empêcher
Un Genti homme de vouloir t'aimer,
Et qui veux faire ta fortune,
Si tu voulois charmante Brune.

Ma mere a du pouvoir beaucoup,
Et elle a plus d'or & d'argent que vous ;
Elle en a tout plein sa cassette,
C'est pour marier ses fillettes.

Ie n'ai que faire de ton argent,
J'ai des Louis d'or bien abondamment;
Si j'eſtois Roy je te ferois Reine,
Si tu mettois fin à mes peines.

De nobleſſe je n'ai pas beſoin,
Et vos richeſſes ne me tentent point;
Pour moi vous eſtes trop en âge,
Avec vous point je ne m'engage.

Brunette tu n'as point de cœur
De refuſer un auſſi grand bonheur,
Ie peux dire que tu n'eſt point ſage
De n'accepter mon cœur pour gage.

Monſieur, ſi vous êtes échauffé,
Vous pouvez vous aller baigner
Dedans la Riviere de Seine,
La Medecine eſt ſouveraine.

Brune c'eſt pour paſſer ton temps
Que tu me fais de pareils complimens,
De peur de te mettre en colere,
Mon triſte adieu je te veux faire. F I N.

AUTRE.

Quand je demande un ſecours
Au mal qu'amour me cauſe,
A mes plus tendres diſcours
Me répondrez-vous toûjours
Ie n'oſe, je n'oſe, je n'oſe.
　Le Roſſignol dans nos Bois

Au lever de l'aurore,
Plaît moins que ne fait ta voix;
Et qui t'entend une fois,
T'adore, t'adore, t'adore.
 Et le mien s'en est allé
A Châlons en Champagne,
Il m'a laissé sans argent,
Mais à mon contentement
J'en gagne, j'en gagne, j'en gagne.
 Certain Blondin l'autre jour
Dit à une Coquette
Je voudrois bien vous baiser;
Monsieur, vôtre volonté
Soit faite, soit faite, soit faite.
 Philis, de ton gros mary
J'admire la figure,
Il est gras & bien nourri,
Nourriture passe en lui
Nature, nature, nature.
F I N.

Autre sur le même air.

MOn Mary s'en est allé
Voyager en Autriche,
Il m'a défendu d'aimer;
Mais ne pouvant m'en passer,
Je triche, je triche, je triche.
F I N.

Autre. Sur l'air : *Ne m'entendez-vous pas ?* &c.

NE m'entendez-vous pas,
Lorsque mon cœur soûpire ?
Tout haut il voudroit dire,
Qu'il n'adore que vous :
Helas ! m'entendez-vous ?

Ami, verse du vin,
Faut-il tant te le dire ;
C'est lui qui nous fait rire,
Et vivre sans chagrin :
Ami, verse du vin.

Ne m'entendez vous pas,
Vous faites l'endormie ;
Vous n'êtes plus ma mie
Si je ne vous dis pas,
Ne m'entendez-vous pas.

Pour vivre sans chagrin,
Il faut être sans dette,
Avoir une Maîtresse,
Et boire du bon vin,
Pour vivre sans chagrin.

F I N.

Air Languedocien : Que mon sort seroit heureux, &c.

LE BEUVEUR.

L'Amour n'a que du tourment,
On ne parle que de chaînes ;
Pour vous dépeindre un Amant
Bien épris de la Climene, haye, haye,
Toûjours dans la peine,
Haye, haye, haye, haye.

L'Amant.

C'est trop maltraiter l'Amour ;
Ce Dieu n'a que des délices,
Vous changez par ce détour
Ses plaisirs en un supplice ;
Haye, haye, &c.
C'est une injustice, haye, haye, &c.

L'Yvrogne.

Je soûtiens avec raison
Que le doux jus de la treille
Vaut mieux que d'être en prison
Par les yeux ou par l'oreille ;
Haye, vive la bouteille,
Haye, haye, &c.

L'Amant

Pour moi j'aime mieux Catin,
Je crois les plaisirs du verre

Moins délicats pour certain ;
La tendresse est bien plus chere,
Haye, haye, c'est un mystere,
Haye, haye, &c.

 Quel danger je vais courir,
Il est grand, je vous assure ;
Je ne crois jamais guérir,
Vos yeux ont fait ma blessure,
Haye, la triste avanture,
Haye, haye, &c.

 Je ne daigne m'en venger
D'un Rival qui vous obsede,
N'allez pas me negliger,
Je sens qu'à mon mal je cede, haye,
Hâtez le remede, haye,
Haye, &c.

 Je connois bien, Jeanneton,
A voir ton peu de défense,
Que tu veux dans un garçon
Un peu plus de violence, haye,
Haye, haye, Ieannette,
Ieannette, haye, haye, haye.

 J'ai fait mon attention,
N'augmente pas ta défense ;
Il faut brusquer l'action,
J'entre dans la consequence, haye,
Haye, haye, haye, Ieannette,
Ieannette, haye, haye, haye.

 Pour nous tromper en amour,

Catin fait la scrupuleuse;
Mais son Amant l'autre jour,
Me soûtint sa flâme heureuse, haye;
C'est une menteuse, haye,
Haye haye, haye.
   S'il prend sa main seulement
Devant le monde, elle s'oppose;
En secret c'est autrement,
Je sçai fort bien qu'elle dispose
De bien autre chose, haye,
Haye, haye, haye.   FIN.

AUTRE.

Petit à petit l'Oiseau fait son nid;
  Quand le Rossignol amoureux
A bien chanté ses tendres feux,
Il cesse son ramage,
Et songe à son ménage;
Petit à petit, &c.

  Avec la mousse & le duvet,
Il bâtit son petit chevet,
Et s'en va droit dans la Plaine
Prendre au Mouton la laine;
Petit à petit, &c.

  Sa poule garde la maison,
Entassant la mousse & le jonc,
Et par son chant rappelle

Son Rossignol fidelle ;
Petit à petit, &c.
   Puis dans leur nid couchez tous deux,
Ils pondent de beaux petits œufs ;
Couvant les font éclore
Dans la Saison de Flore ;
Petit à petit, &c.
   Et quand les petits sont éclos,
Le Papa n'est point en repos,
Va chercher la bequée
Pour nourrir la nichée ;
Petit à petit, &c.
   Puis quand ils sont grands à leur tour,
Comme leur Papa font l'amour,
Dans un nid font ensemble
Petits qui leur ressemblent ;
Petit à petit, &c.
   Epoux dans vos liens nouveaux
Imitez les petits Oiseaux,
Donnez-nous cette année
Un doux fruit d'Hymenée ;
Petit à petit l'Oiseau fait son nid.
       F I N.

Autre : Almanach nouveau.

OR achetez petits & grands
  Cet Almanach qu'on vous débite ;
Il peut servir pour dix mille ans ;

Jugez par là de son merite ;
Ah ! qu'il est sûr, ah ! qu'il est beau
Mon Almanach nouveau.

Loin d'écouter les Imposteurs,
Qui dans les Cieux prétendent lire,
Sur la Nature & sur les mœurs
L'on doit fonder l'Art de prédire ;
Ah ! qu'il est sûr, &c.

Ce qu'on espere vainement,
C'est de voir une Lucrece ;
J'excepte cet évenement ;
D'ailleurs, je chanterai sans cesse.
Ah ! qu'il est sûr, &c.

Plusieurs Maris, non sans raison,
Seront souvent jaloux & mornes ;
Je prévois à chaque Saison
Du vent, de la pluye & des cornes ;
Ah ! qu'il est sûr, &c.

Si Mars appaise son couroux,
L'Amour reprendra ses pratiques ;
Or Bijoutiers consolez-vous,
Venus pleurera vos boutiques ;
Ah ! qu'il est sûr, &c.

Heureux qui peut l'or à la main
Chercher fortune auprés des Belles,
Tous ses desirs iront grand train,
Il trouvera peu de cruelles ;
Ah ! qu'il est sûr, &c.

Tout Nouvelliste est menacé

De débiter maintes sottises,
Et tout Amant trop empressé
N'est pas fort loin de quelques crises ;
Ah ! qu'il est sûr, &c.

   Maintes Coquettes brilleront
Dans un commerce peu fidele,
Bien des Bigottes me diront
Sous l'apparence d'un faux zele ;
Ah ! qu'il est sûr, &c.

   Les petits Maîtres jazeront
Sur les faveurs qu'on leur accorde ;
Mais chez les Femmes trouveront
A tout peché misericorde ;
Ah ! qu'il est sûr, &c.

   Quand un Joüeur s'amusera
A composer des Chansonnettes,
Avec raison on le croira
Encore plus indigne qu'un Poëte ;
Ah ! qu'il est sûr, &c.

   Quiconque veut vivre long-temps
Doit toûjours fuir ce qui chagrine,
Sur tout fuir les indigens,
N'avaler jamais de Medecine ;
Ah ! qu'il est sûr, ah ! qu'il est beau
Mon Almanach nouveau.

   Tant que le monde durera
Les cœurs auront la même pente,
L'on a aimé, l'on aimera,
La consequence est évidente ;

Ah ! qu'il est sûr, &c.

Et vous, Tartuffes odieux,
Dont la ferveur n'est qu'artifice,
N'esperez pas qu'un air pieux
Marque long-temps vôtre malice;
Ah ! qu'il est sûr, &c.

Quand on verra les Gens de Cour
Quitter leur perfide langage,
L'on pourra voir un tendre cœur
Se soûtenir dans le ménage;
Ah ! qu'il est sûr, &c.

F I N.

―――――――――

Vû l'Approbation du SIEUR PASSART,
permis d'Imprimer ce 8 Octobre 1718.

DE MACHAULT.

CHANSON NOUVELLE,

Sur les Marmottes & les Curiositez, sur l'air de la Boëmienne.

Dans Paris la grande Ville
L'on aime les raretez,
Que tant de garçons & filles
Font voir des curiositez,
De la Savoye viennent de beaux esprits,
Pour mettre en joye la Ville de Paris.

L'un sonne de la trompette,
L'autre d'un mauvais hautbois,
Et ont chacun une boëte,
Où pour un liard on y voit,
De la Savoye viennent, &c.

Vous voyez de porte en porte
Des filles, des Savoyards,
Qui font voir leurs marmottes,
La font danser pour un liard,
De la Savoye viennent, &c.

Pour faire danser la marmotte,
Faut dire quelque Chanson,
La belle qui sçait cette note,
Saute comme un hérisson,
De la Savoye viennent, &c.

Saute carabine, saute
Pour l'amour des braves gens,

A

Qui font vivre la marmotte,
La mere & tous les enfans,
De la Savoye viennent, &c.

　Ayant erré leurs marmottes,
Font danser leurs cottillons,
Ils cabriolent, ils sautent,
En faisant des contorsions,
De la Savoye viennent, &c.

　L'on fait faire aux Savoyardes
Ce que l'on veut pour un liard,
Elles dansent branles, gaillardes,
Rigodons & trancquenart,
De la Savoye viennent, &c.

　Maître, maîtresse & marmotte,
Tous dansent gaillardement,
Et ce n'est pas par leur faute,
S'ils n'ont pas de votre argent,
De la Savoye viennent, &c.

　Les Savoyards sont habiles,
Adroits & fort intrigans,
L'un vend des fines éguilles,
D'autres sont fort bons Marchands,
De la Savoye viennent, &c.

　Il y en a bien d'autres sortes,
Et bien de differens états,
L'un frotte, l'autre décrotte,
D'autres vont fendre du bois,
De la Savoye sortent de beaux esprits,
Pour mettre en joye la Ville de Paris.

Chanson de l'Egyptienne, Sur l'air de voilà le Raguée, ou Sur l'air de la Boëmienne, ou Sur l'air des Marmottes.

Nous sommes partis d'Egypte
Cinq ou six bonnes amies,
C'étoit pour rendre visite
Aux Dames de ce Pays.
Au voilà le raguée,
Au voilà le raguou,
Au voilà le raguée,
Au voilà le raguou.

C'est pour l'amour d'une blonde,
Que j'ai si long-tems aimé,
Je n'en trouve nulle au monde,
Qui soit parfaite à mon gré.
Au voilà le raguée, &c.

Donnez-moi petite blonde,
Je dis votre blanche main,
Je vous dirai tout au monde,
Quel sera votre destin.
Au voilà le raguée, &c.

Vous serez belle Princesse
La mere de dix enfans,
Et si le Ciel s'interesse,
Le nombre en sera plus grand.
Au voilà le raguée, &c.

Et boute, boute, boute,

A ij

Boute la croix dans la main,
Sur la terre & sur l'onde
J'éclaircirai le destin.
Au voilà le raguée, &c.

 Belle dedans votre menage
Vous aurez peu d'agrémens,
Votre mari malade
Ne vous dira pas souvent.
Au voilà le raguée, &c.

 Donnez, donnez-nous Mesdames,
Donnez-nous donc à souper,
A ces pauvres jeunes filles,
Qui vous viennent visiter.
Au voilà le raguée, &c.

 Ha! rendez-moi ma mantelette,
Baronne de la Rousmaquoux,
Et toi rends-moi ma toillette,
Princesse de Basquaroux.
Au voilà le raguée, &c.

 Si j'ai cessé de vous p'aire,
Je n'ai point cessé d'aimer,
Mon cœur est toujours de même,
Jamais je ne changerai,
Au voilà le ragée,
Au voilà le ragou,
Au voilà le raguée,
Au voilà le raguou.

FIN.

Chanson nouvelle.

UNe timide Bergere,
Mais sensible au jeu d'amour,
Au fond d'un bois solitaire,
Chantoit ainsi l'autre jour,
Quel plaisir pour les fillettes
D'aimer un tendre Berger,
Si l'on pouvoit sans danger
Se laisser, se laisser conter fleurette.

  Le berger Colin s'exprime
D'un air qui flatte mon cœur,
Pourquoi d'un feu qui l'anime
N'oserai-je éprouver l'ardeur ?
Quel plaisir, &c.

  Quand il me jure qu'il m'aime,
Je le crois avec raison,
Mais c'est du Dieu d'amour même,
Dont je crains la trahison,
Quel plaisir, &c.

  Colin sous un verd feüillage,
Ecoutoit cette Chanson,
En entrant dans ce boccage,
Il répondit sur ce ton,
Quel plaisir pour les fillettes,
Avec un prudent berger,
Oüi, vous pourrez sans danger
Vous laisser conter fleurettes.

  Je suis discret, je suis tendre ;

Je n'ai que d'aimables feux,
Je sçai l'art de les surprendre,
Dès qu'ils semblent dangereux,
Quel plaisir, &c.

Helas, lui dit Celimeine,
L'amour est toûjours trompeur,
Un aveugle qui nous mene,
Doit toûjours nous faire peur,
Quel plaisir pour les fillettes,
Avec un tendre Berger,
Mais pourrois-je sans danger
Me laisser conter fleurettes.

Oüi, mon cœur en assurance,
Colin commande aux amours,
Par ce baiser je vous jure
Qu'ils m'obéiront toûjours,
Quel plaisir, &c.

A ce baiser plus sensible
La belle crut son serment,
Colin parut moins habile,
En paroissant plus charmant,
Quel plaisir pour les fillettes,
Avec un tendre Berger,
Mais pourrois-je sans danger
Me laisser conter fleurettes.

FIN.

CHANSON NOUVELLE,
Sur l'air *des Rats*.

Dans notre Village
Il est un Berger,
Dont le badinage
A sçû nous charmer,
Il carresse ces jeunes fillettes
Tendrement par ses discours,
Et puis tout d'un coup
Il se jette dessus l'herbette,
Et puis tout d'un coup,
Je ne veux pas dire tout.

 Ces filles volages
Se sont attroupées,
Sous ces verds feüillages
L'ont été trouver,
En parlant au Berger alerte,
L'envie leur a pris de danser,
Beau berger Lucas
Joüe un air dessus ta musette,
Beau berger Lucas
Joüe tel air que tu voudras.

 Ce berger alerte
S'étant avancé,
Prit la plus jeunette,
La Mena danser,
D'abord il lui prit sa musette,
Un air tendre il leur a joué,

Et puis tout d'un coup
Se mit à sauter sur l'herbette,
Et puis tout d'un coup
Cabriolent comme des foux.
    La fille contente
D'avoir bien dansé,
A dit à la bande,
Parlant du Berger,
Il a de belles manieres,
Sa musette joüe d'un ton si doux,
Et puis tout d'un coup
Il vous anime à la danse,
Et puis tout d'un coup
Vous fait sauter comme des foux.
    Les jeunes Bergeres,
Et le gros Lucas,
De bonne maniere
Dansent les cinq pas,
En joüant dessus sa musette,
Fait remüer leurs cottillons,
Et puis tout d'un coup
Ils cabriolent sur l'herbette,
Et puis tout d'un coup,
Les fait sauter comme des foux.

FIN.

CHANSON NOUVELLE,

De plusieurs garçons Boulangers, & Brasseurs & Massons, qui ont eu de la houssine pour avoir mangé des Abricots. Sur l'air des Rats.

AU petit Gonesse
Il y a des Mitrons,
Qui ont eu sur les fesses,
Brasseurs & Massons,
Tapez freres de bonne maniere,
Tapez freres en tire larigot,
Par le bas du dos
Avec la grande houssine,
Par le bas du dos,
Vous payerez les Abricots.
 Là l'on vous étrille
De bonne façon,
Comme de bons drilles
Sur un joli ton,
Tapez freres, vous ne tapez gueres,
Tapez freres, ils sont bons garçons,
Ditez-nous Mitrons,
Qui avez eu les étrivieres,
Ditez-nous mitrons,
Si les Abricots sont bons.
 Vous faites un regal

De ces Abricots,
Dedans une salle
Vous dites aussi tôt,
Tapez freres, vous ne tapez gueres,
Tapez freres à force de bras,
Par le bas du dos,
Donnez-nous de la houssine,
Par le bas du dos,
Pour payement des Abricots.
 On donne le bal
Aux pauvres mitrons,
Dedans cette salle,
Brasseurs & Maçons
Se sont trouvez tous sept ensemble,
Lorsque le bal a joué,
Et puis tout d'un coup
Fallut défaire la culotte,
Et puis tout d'un coup,
Ils en ont eu tout leur soul.
 De cette houssine
Vous avez goûté,
D'une humeur chagrine,
Vous vous affligez,
De voir que vos pauvres fesses,
Ont dansé le rigodon,
Brasseurs & Maçons,
Allez faire guerir vos fesses,
Brasseurs & Maçons,
Des Abricots se souviendront.   FIN.

CHANSON NOUVELLE.
Sur l'air, Blaise voyant sa Lisette.

JEanneton que tu es fière,
Tu ne te ressouviens plus
Qu'un jour dedans ces bruyeres,
Je vous vis la tête nuë,
Ha, je te croyois fidelle,
Lon lan la, augué lan la.

Quand je t'offris du fromage,
Que j'avois bien égouté,
Je vis de ton beau visage
Le mépris & la fierté.
Ha, je te, &c.

Pour courir après toi, belle,
J'y ai cassé mon sabot,
Tu as buqué ma cervelle,
Je creve dans mon jabot.
Ha, je te, &c.

Quand tu as ta vache à trarie,
Je cours & vas bien devant,
Et puis je fais la litiere,
Tout en me divertissant.
Ha, je te, &c.

Jarnigué, Jeanne ma mie,
Je t'ai toûjours bien aimée,
Je n'ai jamais eu d'envie
De te vouloir abuser.
Ha, je te, &c.

Gros lourdeau quitte la plaine,

Fuis pour toûjours ce hameau,
Va conter ailleurs ta peine,
Tu n'as point de chalumeau.
Ha, je te, &c.

 L'amour est rempli d'allarmes,
Chacun l'éprouve à son tour,
Aimons qui a plus de charmes,
Changeons d'amans chaque jour.
Ha, je te, &c.   FIN.

Chanson, sur l'air des Rats.

UN Polichinelle
Fait comme je suis,
La nuit sans chandelle
Vaut un Adonis,
Si je suis bossu par derriere,
Si je suis bossu par devant,
Mon nez triomphant
Me fait séduire la plus fiére,
Mon nez triomphant
Leur fait porter le croissant.
 Je croyois Climene
Sensible à mes vœux,
Mais cette inhumaine
Se rit de mes feux,
Non, non, je ne l'aime guere,
Non, non, je ne l'aime plus;
Viens charmant Bachus
Me vanger de cette inhumaine,
Viens charmant Bachus

Me vanger de tous les refus.
　Conteur de fleurettes,
Friant Damoiseau,
Menez nos fillettes,
Sur le bord de l'eau,
Ma fille, ce seroit votre affaire,
Si vous visiez bien surement,
Mais pour autrement,
Vous pourriez chercher à qui plaire,
Mais pour autrement,
Renguainez votre compliment.
　Toute la nuitée
Je n'ai point dormi,
J'ai eu la pensée
A mon bel ami,
Et bonjour Jean, vous ne dormez guere,
Et bonjour Jean, vous ne dormez pas,
Jean, ce sont vos rats,
Qui font que vous ne dormez guere,
Jean ce sont vos rats,
Qui font que vous ne dormez pas.
　J'ai eu la pensée
A mon bel ami,
Je croyois le voir
Au chevet de mon lit,
Bonjour Jean, vous ne dormez guere,
Bonjour Jean, vous ne dormez pas,
Jean, ce sont vos rats,
Qui font que vous ne dormez guere,

Jean, ce sont vos rats,
Qui font que vous ne dormez pas.
   Je croyois le voir
Au chevet de mon lit,
Ha, Jean sois bien sage,
Et prens garde au bruit,
Bonjour Jean, vous ne dormez gueres,
Bonjour Jean, vous ne dormez pas,
Jean, ce sont vos rats, &c.

   Ha, Jean sois bien sage,
Et prens garde au bruit,
Mon pere sommeille,
Et ma mere aussi;
Bonjour Jean, &c.

   Mon pere sommeille,
Et ma mere aussi;
Ha, Jean fut bien sage,
Auprès de moi se mit,
Et bonjour Jean, &c.

   Ha, Jean fut bien sage,
Auprès de moi se mit,
Fit trois reverences,
Et puis s'en allit,
Et bonjour Jean, vous ne dormez gueres,
Et bonjour Jean, vous ne dormez pas,
Jean, ce sont vos rats,
Qui font que vous ne dormez gueres,
Jean, ce sont vos rats,
Qui font que vous ne dormez pas. FIN.

BERGERE NOUVELLE.
Sur l'air, Pierre Dubois n'a point de jaquette.

Bonjour jolie Pastourelle,
Mon cher amour, ma pucelle,
Je viens t'ayant vû si belle,
Mon cher cœur, mon cher cœur,
T'offrir par amour mon zele,
En douceur.

 Monsieur, vous me faites rire,
Dépêchez-vous de me dire
Ce que votre cœur desire,
Vieux rêveur, vieux rêveur,
Ah, c'est pour vous qu'il soûpire,
J'en ai peur.

 Si je te viens faire caresse,
C'est pour te faire ma maîtresse,
J'ai des biens & des richesses,
Aime moi, aime moi,
Tu en seras la maîtresse,
Par ma foi.

 Vieux fou que vos discours cessent,
Je me ris de vos caresses,
Mon berger dans sa jeunesse
Vaut bien mieux, vaut bien mieux,
Que vous avec vos richesses,
Vieux roupieux.

 Si je suis vieux, pastourelle,

J'ai dedans mon escarcelle,
Des Loüis à marque nouvelle,
Qui sont bons, qui sont bons,
Pour te faire Demoiselle
De renom.

Vos Loüis ne sont plus de mise,
Ce sont pour moi des sottises,
Mon berger en propre chemise,
J'aime mieux, J'aime mieux,
Qu'une vieille barbe grise,
Et chassieux.

Bergere tu n'es pas sage,
Pour un Berger de village,
Tu refuse l'avantage,
D'un Seigneur, d'un Seigneur,
Qui veut faire, si tu es sage,
Ton bonheur.

Nargue de toutes vos promesses,
Contentement passe richesses,
Allez chercher des Maîtresses,
A la Cour, à la Cour,
Pour vos biens vous feront caresses
Quelque jour.

Ce n'est que pour toi ma belle,
Que je brûle d'amour fidele,
Soulage ma pastourelle
Mon ardeur, mon ardeur,
Helas! si tu m'es rebelle,
Je me meurs.

Si la chaleur vous fait peine,
Faut vous baigner dans la Seine,
Des heures cinq ou six douzaines
Vieux croquant, vieux croquant,
Vos chaleurs iront sans peines
Toutes au vent.

Chanson nouvelle.

EN revenant de la Villette,
Pierre Dubois n'a point de jaquette,
A rencontré une brunette,
Pierre Dubois, Pierre Dubois,
Pierre Dubois n'a point de jaquette,
Pierre Dubois.

  A rencontré une brunette,
Pierre Dubois n'a point de jaquette,
Lui donna un bouquet de violette,
Pierre Dubois, &c.

  Lui donna un bouquet de violette,
Pierre Dubois n'a point de jaquette,
Lui fit un compliment honnête,
Pierre Dubois, &c.

  Lui fit un compliment honnête,
Pierre Dubois n'a point de jaquette,
Lui dit allons à la guinguette,
Pierre Dubois, &c.

  Lui dit allons à la guinguette,
Pierre Dubois n'a point de jaquette,
Nous irons boire chopinette,

Pierre Dubois, &c.

Nous-y boirons chopinette,
Pierre Dubois n'a point de jaquette,
Elle lui sembla si joliette,
Pierre Dubois, &c.

Elle lui sembla si joliette,
Pierre Dubois n'a point de jaquette,
Il l'a coucha dessus l'herbette,
Pierre Dubois, &c.

Il l'a coucha dessus l'herbette,
Pierre Dubois n'a point de jaquette,
Elle s'écria qu'est-ce que vous faites ?
Pierre Dubois, &c.

Elle s'écria qu'est-ce que vous faites,
Pierre Dubois n'a point de jaquette,
Vous allez gâter ma grisette,
Pierre Dubois, &c.

Vous allez gâter ma grisette,
Pierre Dubois n'a point de jaquette,
Et chiffonner toute ma cornette,
Pierre Dubois, &c.

Et chiffonner toute ma cornette,
Pierre Dubois n'a point de jaquette,
Ah, quel gros badin vous êtes,
Pierre Dubois, Pierre Dubois,
Pierre Dubois n'a point de jaquette,
Pierre Dubois.

FIN.

AUTRE.

Dans les champs Elizées
L'on voit deux-à-deux
Les Ombres fortunées
Des Amans heureux,
Attendons-y comme eux
La fraîche matinée,
Car pendant les nuits
Tout rit en cachette,
Tourlourirette,
Car pendant les nuits
Tous chats font gris.   *bis.*

L'amour pour nous conduire
Aux pieds d'un Ormeau,
Pendant le tems fait luire
Son divin flambeau,
Suivons l'éclat nouveau
Du feu qu'il nous inspire,
Car pendant les nuits
Souvent on repette,
Tourlourirette,
Car pendant les nuits
Tout chats font gris.

En content votre flâme
Sur tout prenez soin,
Que le flambeau n'enflâme
La botte de foin,
Redoutez près & loin

Votre jalouse femme;
Car pendant les nuits
Au Cours on vous guette,
Tourlourirette,
Car pendant les nuits
Tous chats sont gris. *bis*

 Venez jeunes Coquettes
Sans ajustement,
Vous pourrez faire emplette
D'un nouvel Amant,
Apportez seulement
Votre simple Cornette;
Car pendant les nuits
Souvent on vous prete,
Tourlourirette,
Car pendant les nuits
Tout chats sont gris. *bis*

 Venez vieilles Coquettes,
Antiques beautez,
Ecouter les fleurettes
Dans l'obscurité,
L'importune clarté
Vous rend toutes défaites;
Car pendant les nuits
La vieille est jeunette,
Tourlourirette,
Car pendant les nuits
Tout chats sont gris. *bis*

FIN.

CHANSON NOUVELLE.

Dormant dans une paix profonde
Je rêvai l'autre jour,
Que sur terre & sur l'onde
Vous étiez la Reine d'amour,
Mais, hélas! ce n'est pas un mensonge,
C'est la vérité que mon songe,
C'est la vérité, c'est la vérité que mon
  songe.   FIN.

AUTRE CHANSON.

Vous me devez depuis deux ans
  Trente baisers des plus charmans,
Que je vous ai gagné à l'ombre,   *bis.*
J'en vais calculer l'interêt,
Qui en augmentera le nombre
Que vous me payerez, s'il vous plaît.
  Trente baisers, aimable Iris,
N'étant placés qu'au denier dix,
Rapportent cinq baisers de rente, *bis*
Ainsi trente de Capital,
Dix d'interêt joints à ces trente,
Font quarante pour le total.
  Acquittez vous, car il est tems,
Payez-moi en deniers comptans
Et le capital & la rente,   *bis*
Iris sans Huissiers, ni Recors,

Si vous en êtes refusante,
Je vous y contraindrai par corps.
  L'amour égale sous sa loi
La Bergere avecque le Roi,
Si tôt qu'il en fait sa maîtresse,
Si tôt qu'il a sçû l'engager,
La bergere devient princesse,
Ou bien le Roi devient Berger.

  Amans, quant vous vous parlerez,
Entre vous vous ne vous direz
Jamais un seul mot de rudesse,
Ni jamais un seul mot d'aigreur,
Car l'amour vient par la tendresse,
Et s'entretient par la douceur. FIN.

CHANSON NOUVELLE.

LE jeune Colin l'autre jour
  Assis auprès de Lisette,
L'entretenoit de son amour
Au doux son de sa musette,
Et l'amour malin qui les voyoit
De leur innocence rioit.

  Le Berger sentoit des plaisirs,
Dont il ignoroit l'usage;
Lisette formoit des desirs
N'en sçachant pas davantage,
Et l'amour, &c.

  Quelquefois un rouge igneu
Couvroit le teint de la belle,

Saisi d'un transport inconnu,
Colin rougissoit comme elle,
Et l'amour, &c.

De mille guirlandes de fleurs
Colin couronnoit Lisette,
Et d'un ruban de ses couleurs
Elle entouroit sa houlette,
Et l'amour, &c.

Mais enfin le Dieu dévoila
Le bandeau de leur enfance,
Un baiser que Colin vola,
Instruisit leur innocence,
Et l'amour, &c.

L'amant plus hardi sur son sein
Porta sa main temeraire,
Lisette prévit son dessein,
Sourit & se laissa faire,
Et l'amour, &c.

Bien-tôt de ces plaisirs secrets
Colin connut le mystere,
Et déjà ces yeux indiscrets
En parloient à sa chere,
Et l'amour, &c.

FIN

CHANSON NOUVELLE.

UN jour une jeune Abeille
Dormant sur la fleur du Thin,
Le petit amour la veille,
Pour lui voler son butin,

De la dormeuſe il s'approche,
Déjà ſon miel il accroche,
Mais s'éveillant par malheur
Elle picqua le voleur.

   Alors le Dieu de Cythere
En s'étouffant de ſanglots,
S'envole au col de ſa mere,
Et fait ſa plainte en ces mots,
Ah! vengez-moi de cette abeille
Qui me ſoupçonnant de larcin,
Lors que près d'elle je ſommeille
Eſt venu me piquer la main.

   Venus ſoûrit de l'entendre,
Et le ſerrant dans ſes bras,
Elle lui dit d'un air tendre:
Mon fils tu n'en mourras pas,
Un moment je t'en aſſure
Va refermer ta bleſſure,
Mais on ne guerit jamais
Des bleſſures que tu fais.

   L'amour tout de bon ſe fâche,
Venus ſe laiſſe toucher,
Cette mouche eſt une lâche,
Vîte qu'on l'aille chercher,
L'Abeille étant amenée,
Par Venus eſt condamnée
A livrer à Cupidon
Son miel & ſon éguillon.   FIN.

Veu l'Aprobation, permis ce 5. Mars 1718.
           DE MACHAULT.

CHANSON NOUVELLE.

*D'un Paysant amoureux, & la réponse
de la Paysanne.*

Si tu savois Margot combian je t'ame,
Tu voudrois bian-tôt finir avec moi,
Sangué, je sis dans un dépit extrême,
Quand je vois que tu méprise ma foi,
Si tu savois Margot combian je t'ame,
Tu voudrois bian-tôt finir avec moi.

   A quoi sert de barguiner davantage,
Dès que tu m'as dit que j'étois ton fait,
Voudrois-tu passer pour une volage,
Fy donc, tatigué, ton cœur est mieux
     fait,
A quoi sert &c.

   Je sis assez bian fait de corporance,
Et j'en deffie tous ceux de ce Hamiau,
Tian vois-tu, j'ai quasi l'air d'importance,
Sur tout quand je tape ainsi mon chapiau,
Je sis assez bian fait, &c.

   Tu sçais que quand je fus à la Melice,
On me nommoit le vigoureux Sanson,
Je sçavois par cœur faire l'exarcice,
Iarnigoi, j'étois un brave garçon,
Tu sçai que quand, &c.

   Ie n'ai quitté le métier de la guerre,

Que pour faire la chasse à tes appas,
Vois-tu je fis un résolu compare,
Et ta chienne d'himeur ne me plaît pas,
Je n'ai quitté, &c.

Tu dis par tout que j'ai de quoi te plare,
Ma foi t'as raison, & je t'en crois bian,
J'ai du sens commun, & quelqu'autre
    affare,
Que cet autre jour mais il t'en souviant,
Tu dis par tout, &c.

Mon pauvre cœur tendre, & toujours
    fidele,
Ne peut plus tenir contre ta froideur,
Il est, pargoi, tout comme une chandelle,
Qui se fond à la trop grande chaleur,
Mon pauvre, &c.

Ça, finissons donc nôtre mariage,
N'as-tu pas regret de me voir gemer,
De ton amour il ne me faut qu'un gage,
Hélas! c'est un oüi qui peut me charmer,
Ça finissons donc notre mariage,
N'as-tu pas regret de me voir gemer.

Réponse, Sur le même air.

HElas, peux tu me presser davantage
De t'aimer dis moi gros vilain idiot,

Pendant que tu sçai que dans ce Village,
Il est un Berger qui n'est pas si sot,
Hélas, peux tu, &c.

Tu sçai qu'il est d'un plus biau parentage
Que tu n'as jamais été ni seras,
Il m'a déja donné sa foi pour gage,
Mais de son amour rien tu ne sçauras,
Tu sçais bian, &c.

C'est un biau garçon bian fait & à l'erte,
Qui peut bian me satisfaire en tout tems,
L'autre jour que j'étions dessus l'herbette
Il me baisit les mains si tendrement,
C'est un biau, &c.

De bon cœur il a fait une conquête,
J'en fis bien contente & ne m'en plains
   pas,
Mon pere & ma mere les premiers en tête
Veulent bien que j'aime ce gros Colas,
De bon cœur, &c.

F I N.

Chanson nouvelles. Sur l'air, *l'Embarquement est divin.*

Heureux celui qui chemine
Sur la terre ou bien sur l'eau,
Quand il a dans son bateau

Sa compagne de marine,
L'embarquement est divin,
Quand on vogue, vogue, vogue vogue
L'embarquement est divin
Quand on vogue avec Catin.

On coure l'un & l'autre pole,
Sans alarme & sans danger,
Catin pour mieux naviger,
Tient sans cesse la boussole,
L'embarquement, &c.

Si quelquefois l'on s'éveille,
Sous la foi des deux Zephirs,
L'amour suivi des plaisirs,
Bien-tôt aprés nous reveille,
L'embarquement, &c.

Quand le fier Aquilon gronde,
Et qu'on craint quelque danger,
On trouve pour se cacher,
Un port au milieu de l'onde,
L'embarquement, &c.

Thircis consulte l'étoile,
Et contemple le Levant,
Et assuré d'un bon vent,
Tent les mas, ferre les voiles
L'embarquement, &c.

Bien loin que Catin se fâche,
Et se plaigne du long cours,
Voguons, dit-elle, toujours
Thircis, voguons sans relâche

L'embarquement est divin
Quand on vogue, vogue, vogue, vogue
L'embarquement est divin,
Quand on vogue avec Carin.
FIN.

Chanson Bachique, Sur le même air.

Heureux celui qui chemine
Sur la terre & non sur l'eau,
Qui fait passer son Vaisseau,
Par le vent de la cuisine,
L'embarquement est divin
Quand on vogue, vogue, vogue,
L'embarquement est divin
Quand on vogue sur le vin.

Ne parlons point de la mer,
Ne parlons que de la Terre,
C'est un plaisir que de voguer
A la table avec un verre,
L'embarquement est divin, &c.

Si vous voulez que je chante
Faites-moi donner du vin,
C'est un remede divin,
On ne sçauroit s'en défendre,
L'embarquement est divin, &c.

Si vous voulez que je gronde,

Faites-moi donner de l'eau,
Elle a servi de tombeau,
Une fois à tout le monde,
L'embarquement est divin, &c.

 Pour s'embarquer dessus l'onde,
Faut être sans jugement,
Qui va sur cet Elément,
Peut bien dire adieu au monde,
L'embarquement est divin, &c.

AUTRE.

TU m'as volé, petit fripon,
 Ma houlette & bien davantage,
L'autre jour dans ce verd bocage,
Je sommeillois sur le gazon,
Je ne regrette, Colin,
Je ne regrette que ma houlette.

 Je suis prête à tout pardonner,
Fripon, si tu veux me la rendre,
Même ce qu'amour t'a fait prendre,
Je ne regrette, Colin,
Je ne regrette que ma houlette.

 Aussi-tôt, Colin lui rendit,
La belle lui tint sa promesse,
Même dès la premiére caresse,
Elle lui sentit de l'esprit,
Ah! qu'il m'en coûte, Colin,
Lui dit Lizette pour ma houlette.

 Colin redoublant son ardeur,

Lizette avoit plus de foiblesse,
Et par un excès de tendresse,
Arracha ces mots de son cœur,
Ah! que mon ame, Colin,
Est satisfaite, j'ai ma houlette.

AUTRE.

POurquoi me fuyez-vous, cruelle,
Mes regards auroient-ils causé
Votre couroux,
Permettez seulement que je vous trouve
    belle,
C'est tout, c'est tout ce que je veux de
Laissez nous, severe sagesse, (vous.
Attendez une autre saison,
Au tems heureux de la jeunesse,
L'amour sied mieux que la raison.
  Les amours vous portent les armes,
Mais c'est pour être vos vainqueurs,
Belles, s'ils font regner vos charmes
Ils veulent regner dans vos cœurs.

CHANSON NOUVELLE.

CHarmant Printems dont la trop
    longue absence,
Faisoit languir mille Amans malheureux,
Ton retour est pour eux une douce espe-
    rance,
De fléchir la rigueur qui s'oppose à leurs
    feux.

Par tes charmes nouveaux tu rend un
 cœur sensible,
Mais parmi tant d'Amans, que tu rends
 trop heureux,
Cruel Printems tu deviens insensible
Pour le plus tendre & le plus amoureux.

CHANSON NOUVELLE.

Depuis long tems
J'ai ménagé Lizette,
Mais mon amour
N'entend plus de raison,
Ha! si jamais
Je la trouvois seulette,
L'occasion feroit le larron.

Mon amour est payé d'indifférence,
Par un ingrat qu'un autre a sçu charmer,
A mes dépens, j'ai de l'experience,
Il faut connoître avant que d'aimer.

J'ai l'humeur gay, je chante & je badine,
Qui m'en croiroit plus facile auroit tort,
Il ne faut pas s'arrêter à la mine,
Il n'est pire eau que celle qui dort.

Chason nouvelle.

Je suis la fortune
D'une aimable brune,
Et sans ses rigueurs,

L'ingrate a des charmes,
Et ni soins ni larmes,
Ne touchent son cœur.
　Tant de resistance
Brave ta puissance,
Amour, venge toi,
Rend son cœur sensible,
Et s'il est possible,
Que ce soit pour moi.
　Le Dieu de Cythere,
Vous prend pour sa mere,
Il se trompe bien,
Vous êtes plus belle
Que cette immortelle,
Et vous n'aimez rien.
　L'on prend dans la vie
Des soins inutils
Pour me rejouir,
De toutes les Fêtes,
Là seul où vous êtes,
Fait tout mon plaisir.

Autre, sur le même air.

SUivez Celimene,
Suivez qui vous aime,
Et ne changez pas,
Le Dieu de Cythere,
N'inspire aux Bergers

Que de tendres appas,
Si je rend les armes
A vos puissans charmes,
Ingrate, je dis,
Que jamais Celimene,
Ne fit tant de peine,
Au Berger Paris.

Sous votre puissance,
Je mets ma constance,
Ne rebutez pas
Le sincere hommage,
Que mon témoignage,
Rend à vos appas.

Philis est aimable,
Et sur tout à table,
Le verre à la main,
Elle sçait sans peine,
Mettre dans ses chaînes,
Tout le genre humain.

―――――――

Chanson nouvelle.

Aimons-nous toujours
Cherissons nos chaînes,
Rien n'est si charmant,
Qu'un fidele amant,
Puisque les Dieux,
En ont pour les peines,
Ah ! Cloris aimons-nous toujours,

Je suivrai les Dieux,
Mon aimable Reine,
Plutôt que de changer
Je perdrai la vie.

Je ne sçai comment
L'on s'engage,
Et que l'on se livre,
Au plus tendre amour,
A tout âge l'on s'engage,
Consentant d'aimer à son tour,
Ce n'est qu'une erreur,
De croire son cœur,
Toujours à couvert,
D'une amoureuse ardeur.

Vous m'avez appris,
Charmante brunette,
La plus aimable
De toutes les chansons,
Quand vous chantiez
D'un air le plus fier,
Mon cœur devint
Tendre comme un petit Mouton,
Mon petit tendron,
Aimable bocagere,
Je veux vous aimer;
Ou perdre la raison.

Qu'il me seroit doux
Charmante brunette,
Qu'il me seroit doux,

De vivre avec vous,
Je vous aime,
Ce qui cause ma peine,
C'est de voir tant d'amans chez vous,
Qu'il me seroit doux
De vivre avec vous,
Ha ! que mon bonheur
Feroit bien des jaloux.

Chanson nouvelle.

JE ne veux plus aller de jour,
Soleil, ta clarté m'importune,
Eclairé du flambeau d'amour,
J'aime mieux aller à la brune.

  Enfin, je ressemble aux filoux,
Je cherche à tâtons ma fortune,
Et quand je fais quelques beaux coups,
Je les fais toujours à la brune.

  L'Amour est enfin mon vainqueur,
Je mets à ses pieds ma fortune,
Et si j'ai quelque doux bonheur,
C'est toujours auprès de la brune.

FIN.

Vû l'Approbation, permis ce 25. *Mars*
1718. DE MACHAUD.

CHANSON NOUVELLE.

Sur l'air : *la prison n'est pas pour les Chiens.*

Aux champs Elisées l'autre soir,   *bis.*
Sur l'herbette m'allai asseoir,
Lon lan la derirette,
Deux Amans y vinrent aussi,
Lon lan la deriry.

Ils ne me croyoient pas près d'eux,   *bis.*
Leurs discours etoient amoureux,
Lon lan la derirette,
Je retins les mots que voici,
Lon lan la deriry.

La Dame dit à son Amant,   *bis.*
Peut-on aimer plus tendrement ?
Lon lan la derirette,
Que t'a-t'il manqué jusqu'ici ?
Lon lan la deriry.

Ne dois-tu pas à mon amour,   *bis.*
L'équipage de l'autre jour,
Lon lan la derirette,
Il m'a coûté deux cens Loüis,
Lon lan la deriry.

Une Grisette cependant   *bis.*
Ocupe tes plus doux momens,
Lon lan la derirette,
Ingrat tu me trahis ainsi, lon lan la, &c.

Le Cavalier a beau jurer,
Mais il faut pour le rassurer,
L'on lan la derirette,
Je ne m'explique qu'à demi,
L'on lan la deriry.

Je la laissai dans le moment,
Au nombre des honnêtes gens,
L'on lan la derirette,
Elle alloit mentir à son mary,
L'on lan la deriry.   FIN

CHANSON NOUVELLE

L'Autre jour en me promenant,
  Ah ! Philis je vous aime tant,
J'apperçû vos beaux yeux brillans,
Je vous vis, je vous veux, je vous aime-
      rai tant,
Ah ! Philis je vous vois, je vous aime,
Si je vous ai, je vous aimerai tant.

J'apperçû vos beaux yeux brillans,
Ah ! Philis je vous aime tant,
Des Déesses je vous crus au rang ;
Je vous vis, je vous veux, je vous aime-
      rai tant,
Ah ! Philis je vous vois, je vous aime,
Si je vous ai, je vous aimerai tant.

Des Déesses je vous crus au rang,
Ah ! Philis je vous aime tant,
Je senti je ne sçai comment,

Je vous vis, je vous veux, je vous aime-
   rai tant,
Ah ! philis je vous vis, je vous aime,
Si je vous ai, je vous aimerai tant.

   Je senti je ne sçai comment,
Ah ! philis je vous aime tant,
Dans mon cœur certain mouvement,
Je vous vis, je vous veux, je vous aime-
   rai tant,
Ah ! philis je vous vois, je vous aime,
Si je vous ai, je vous aimerai tant.

   Dans mon cœur certain mouvement,
Ah ! philis je vous aime tant,
Qui fit que je devins Amant,   [tant,
Je vous vis, je vous veux, je vous aimerai
Ah ! philis je vous vois, je vous aime,
Si je vous ai, je vous aimerai tant.

   Qui fit que je devins Amant,
Ah ! philis je vous aime tant,
Soulagez donc mes feux ardens,
Je vous vis, je vous veux, je vous aime-
   rai tant,
Ah ! philis je vous vois, je vous aime,
Si je vous ai, je vous aimerai tant.

   Soulagez donc mes feux ardens,
Ah ! philis je vous aime tant,
Rendez moi heureux à l'inſtant,
Je vous vis, je vous veux, je vous aime-
   rai tant,

A ij

Ah ! Philis je vous vois, je vous aime,
Si je vous ai, je vous aimerai tant.
 Rendez-moi heureux dans l'inſtant,
Ah ! Philis je vous aime tant,
Profitez de vos jeunes ans,   (tant,
Je vous vis, je vous veux, je vous aimerai
Ah ! Philis je vous vois, je vous aime,
Si je vous ai, je vous aimerai tant. FIN.

CHANSON NOUVELLE.

AH : la drôle d'Hiſtoire,   *bis.*
Mignoné la femme à trétous,
C'eſt d'une Boulangere,
Chantons-la aujourd'hui,
Et la tertin tretin,
Et la tertin trétous,
Et la femme à trétous.

 Chantons la aujourd'hui,   *bis.*
Il lui a pris envie,
Mignoné la femme à trétous,
Il lui a pris envie,
De quitter ſon mari,
Et la tertin, &c.

 De quitter ſon mari,   *bis.*
Dites moi pourquoi faire,
Mignoné la femme à trétous,
Dites moi pourquoi faire,
Ma foi demandez lui,
Et la tertin, &c.

Ma foi demandez lui,
Des voisins nous assurent,
Mignone la femme à trétous,
Les voisins nous assurent,
Qu'elle avoit entrepris,
Et la tertin, &c.

Qu'elle avoit entrepris *bis.*
De faire le voyage,
Mignone la femme à trétous,
De faire le voyage,
Avecque son ami,
Et la tertin, &c.

Avecque son ami, *bis.*
Pour vivre sur la route,
Mignone la femme à trétous,
Pour vivre sur la route,
De l'argent s'est fourni,
Et la tertin, &c.

De l'argent s'est fourni, *bis.*
Elle a rempli sa bourse,
Mignone la femme à trétous,
Elle a rempli sa bourse,
De quantité de loüis,
Et la tertin, &c.

De quantité de loüis *bis.*
Elle va faire sa fortune, Mignone, &c.
Elle va faire sa fortune,
Dans ce nouveau pays,
Et la tertin, &c.   FIN.

CHANSON NOUVELLE.
Sur l'air : *Du haut en bas.*

JEune Cloris,
De qui les yeux charment le monde,
Jeune Cloris,
Mon cœur, mes amours, mon souci,
Je suis venu dans la Prairie,
Pour vous servir de compagnie,
Jeune Cloris.

Dans ces Vallons,
Avec mon chien & ma houlette,
Dans ces Vallons,
Je garde fort bien mes moutons,
Beau galand je vous remercie,
Je n'ai que faire de compagnie,
Dans ces Vallons.

Sur le gazon,
Iris guerissez mon martyre,
Sur le gazon,
Vous tenez mon cœur en prison,
Ah ! que l'amour me fait de peine,
Je vous aime plus que moi-même,
Sur le gazon.

Retirez-vous,
Monsieur, que vous sçavez bien dire
Retirez-vous,
Mes amours ne sont pas pour vous,
Je n'écoute point les careſſes

D'un Amant qui est sans tendresse,
Retirez-vous.

   Nannon, mon cœur,
La belle ne soyez pas si fiere,
Nannon, mon cœur,
Ma mie traitez-moi en douceur,
Iris vous pouvez satisfaire,
Un Amant qui cherche à vous plaire,
Nannon, mon cœur.

   Tous vos discours,
Ah! Monsieur, ne me plaisent gueres,
Tous vos discours,
Ne charmeront pas mes amours,
Allez conter aux Demoiselles,
Dans Paris elles sont plus belles,
Tous vos discours.

   Dans ces beaux jours,
Je suis accablé de tristesse,
Dans ces beaux jours,
Mon cœur brûle pour vous d'amour,
Approchez-vous ma Pastourelle,
Venez, je vous serai fidele,
Dans ces beaux jours.

   Pauvre nigaut,
Cherchez ailleurs d'autres Maîtresses
Pauvre nigaut,
Pour vous guérir de tous vos maux,
Si la chaleur vous est contraire,
Mettez le cul dans la riviere,

A iiij

Pauvre nigaut.
 Belle Nannon,
Enfin pour me tirer d'affaire,
Belle Nannon,
Ayez de moi compassion,
Permettez-moi donc que je touche
Un doux baiser par votre bouche,
Belle Nannon.
 Pour un baiser,
Voila mon chien assis par terre,
Pour un baiser,
Cela n'est pas à refuser,
Son cul pourra y satisfaire,
Monsieur il ne vous coûtera gueres,
Pour un baiser.   FIN.

Chanson nouvelle : Sur l'air, la belle
Isabelle, &c.

A Vous je m'engage,
Belle Margotton,
Sous ce bel ombrage
Gardant vos moutons,
Soulagez ma peine,
Je veux vous aimer,
Et brisez les chaînes,
De vos yeux forgez.
 Monsieur, si ces chaînes,
Vous font tant de mal,
Allez à Vincennes
Voir un Maréchal,

Bien-tôt sans remise,
A coups de marteaux,
Je dis sans feintise,
Brisera vos maux.
   Les chaînes Bergere,
Dont je suis chargé,
Ne sont point de fer,
Comme vous croyez,
Sont vos amourettes,
Qui forgent les airs,
Aimable brunette,
Soulagez-moi donc.
   S'il faut des pincettes,
Tenailles & marteaux,
Pour les amourettes,
Cela est nouveau;
Je n'ai point d'enclume,
Soufflet, ni charbon,
Allez à Béthune,
Voir un forgeron.
   Vos beaux yeux la belle,
Sont les ouvriers,
Ils sont sans pareils,
Car ils m'ont charmé;
Entrez donc Bergere,
Dans mon sentiment,
Reçois bocagere,
Un fidele Amant.
   Si j'avois des charmes,

Monsieur le bon coup,
Ce seroit mes armes,
Pour charmer le loup,
Parmi ces bocages,
Souvent mes agneaux
Se voyent au pillage,
De ces animaux.

 Reine des amours,
Ne cherchez pas tant
De fâcheux retours,
A un tendre Amant ;
Cessez vos rigueurs,
Belle, accordez moi
Vos douces faveurs,
Dans ce charmant bois.

 Monsieur, de ces plaines
Sortez au plûtôt,
Rechargez vos chaînes,
Dessus vôtre dos,
Ou de ma houllette
Je vous frapperai,
Je suis trop jeunette,
Vîte décampez.

FIN.

Chanson nouvelle : Sur l'air, *Ma mere, je me meurs d'enuie.*

J'apperçois là une Bergere,
Voltiger le long d'un ruisseau
Avec les Agneaux,

Heureux qui lui peut plaire,
Elle entonne un ton si charmant,
Que tous les bocages
De son voisinage
Lui vent repondant.

 Les oiseaux parmi les feuillages
Répondent d'un ton plein d'amour,
Ils mêlent tour à tour
A sa voix leurs ramages,
Et dedans ce concert charman
Cette pastourelle,
Ressemble une etoille
Qui charme les sens.

 Un Berger dedans ces prairies
Lui repond de son chalumeau,
Les vallons & les coteaux
Lui répondent à l'envie,
Enfin il semble que l'amour
Dessus ces bruyeres,
Y vient pour y faire
Son tendre séjour.

 Tout est rempli d'allegresse,
L'on n'y voit souci ni chagrin,
Allons y donc Colin
Avec nos Maîtresses,
Passer d'agreable momens
Dessus la verdure,
Sans aucun murmure
L'on passe le tems.

      A vj

Dans ce lieu beau & sans pareil,
Plein d'appas & plein de douceur
L'on entend que mon cœur,
Prononcer par les belles,
Allons y donc sans plus tarder,
Car la jalousie
Je vous certifie
N'y ose aborder.

Tendres Amans qui cherchez à plaire
Vous pouvez dans ce lieu charmant
Avoir contentement,
Consultez la bergère,
Vraiment elle vous apprendra
Le don sans pareil
De plaire à vos belles,
Jusqu'à leur trépas.

Chanson nouvelle, Sur l'air : Mon cher
Bacus, tout est perdu.

JE cherche un petit bois touffu,
Qe vous sçavez Climene,
Si on ne l'avoit pas tondu,
Il borde une fontaine,
Qui jette une charmante odeur,
Au bord de son rivage,
je voudrois cueillir une fleur,
Dans ce sombre bocage.

Le Berger Tyrsis l'autre jour,
Par neuf baisers de suite,

Crut avoir satisfait l'amour
De la jeune Hypolite,
Elle qui trouvoit mille appas
Dans ce plaisir extrême,
Lui dit Berger ne sçais-tu pas
Qu'on paye le dixiéme.

COMPLAINTE DE L'AMOUREUX PIERROT,

Grogneux, Vaudeville paisant.

TOn humeur est Catheraine
Plus aigre qu'un citron vard,
On ne sçait qui te chagraine,
Ni qui gagne, ni qui pard,
Qu'on soit sage ou qu'on badene,
Avec toi c'est choux pour choux,
Comme un vrai fagot d'epeine.
Tu piques par les deux bouts.
  Si je parle tu t'offenses,
Tu grognes si je me tais,
Lorsque je me plains tu danses,
Quand je ris, je te déplais,
A ton oreille mal-faite
Mes chansons ne vallont rien,
Et ma tant douce musette
N'est qu'un instrument de chien.
  L'autre jour d'un air honnête,
Quand je t'ôtis mon chapiau,

Plus vîte qu'une Arbaleste,
Tu le fis sauter dans li tu,
Et pis d'un ton d'arrogance,
Sans dire ni qui ni quoi,
Tu me baillis l'ordonnance
De m'approcher loin de toi.

 D'un plein pot de marjolaine,
Quand je te fis un present,
Aussi-tôt pour son étraine,
Tu le cassis moi present
Si j'en eûs crû mon courage
Aprés ce biau grand marcy,
Ma main qui boüilloit de rage,
T'eut cassé la gueule aussi.

 Stapendant quoique tu dises,
Je ne puis quitter ces lieux
Et quoique tu me méprises
par tout je suivrai tes yeux
Je m'en veux mal à moi-même,
Mais quand on est amoureux,
Un cheveu de ce qu'on aime,
Tire plus que quatre bœufs.

 Pour te mettre en oubliance,
A d'autres j'ai fait la Cour,
Mais par cette manigance,
Tu me baillis plus d'amour,
Je crois que tu m'ensorcelles,
Car à mes yeux ébaubis,
Auprés de toi les plus belles

Ne me font que du pain bis.
   Chacune de tes deux jouës
Semble une pomme d'apis,
Comme deux morceaux de rouges
Tout à plain sont tes sourcils,
Tes yeux plus noirs que des marles,
Semblent mouches dans du lait,
Et tes dents un rang de parles
Bian égal & tout complet.
   Pour ta bouche alle est plus rouge,
Que n'est la crête d'un cocq,
Et ta gorge qui ne bouge,
Paroît plus ferme qu'un roc;
Quand au reste il m'en faut taire,
Car je ne l'ai jamais vû,
Mais je crois que tu dois faire,
Sans chemise un biau corps nud.
   Par la morgué queu dommage,
Que de tant de balles biautez
Ne soïont pour tout potage,
Qu'un sac plein de duretez
Quand sur ton humeur revêche
Je rumine en mon cerviau,
Tu me sembles être une pêche,
Dont ton cœur est le noyau.
   Le Soleil qui fond la glace
N'est pas plus ardent que moi,
Comme un gueux de sa besace
Mon cœur est jaloux de toi,

Au grand Colas qui te lorgne
Je veux pocher les deux yeux,
Ou du moins en faire un borgne,
Si je ne puis faire mieux.
   Avec lui dans nos prairies
Tu t'en vas batifoler,
Vous jasez comme deux pies,
Et moi je n'ose parler,
Il te manie, il te chatoüille,
Il te frotte le groüin,
Et moi d'abord que je groüille;
Tu me flanques un coup de poing.
   Sangué vois-tu Catheraine,
Je n'y sçaurois plus tenir,
Je créve dans ma poitrenne,
Il faut changer ou finir,
Tu me prens pour une bûche ;
Parce que j'ai l'air benin,
Mais tant à liau va la cruche,
Qu'elle se brise à la fin.
   Quand j'aime une Criature,
Jarnigoy c'est tout de bon,
Je suis doux de ma nature,
Autant & plus qu'un mouton,
Mais quand mon humeur sincere;
N'est payé que de rebus,
Dame alors dans ma colere,
Je sis pire qu'un cerf en rhus.

FIN.

Reponse de Catherine à Pierrot;
Sur le même air.

NE mets point dans ta caboche
Pierrot d'être mon époux,
Si pour moindre soeq qui cloche,
Tu montres un esprit jaloux,
Avec un vilain reproche,
Dont tu me veux blasonner,
Tu me prens pour une cloche,
Que tout venant peut sonner.

Sçais-tu ce qu'il te faut faire,
Pour devenir mon Amant,
Il faut tout voir & se taire,
Paroître toûjours constant,
Avec un biau caractére
Faire mine à gros Guillot,
En dépit de la misere
Feras bien boüillir ton pot.

Au pardessus de ma dote
Je te donne un juste-au-corps,
D'un drap plus biau que ma cotte,
Et de couleur de fin or,
Par là je veux que tu sçaches
Ce que vaut mon pot au lait,
T'offrant encore l'apanache,
Qui manque sur ton bonnet.

A ce prix-là Catheraine
Meritera bien ta foi,

Sur toi point d'humeur chagraine
Si l'on te montre du doigt,
Tu peux dans cette rencontre
Te tenir des plus heureux,
Mieux vaut d'un doigt qu'on te montre,
Que d'être montré des deux.
 Pierrot, finis ta legende,
A quoi me tant quereller,
Si tu veux que je me rende,
Il faut autrement parler
Je t'ai souvent mis à même,
Mais tu n'es qu'un pauvre sot,
Qui n'a jamais de soi-même
Sçu comprendre à demi mot.
 Lorsque tu me fais la mienne
De ce que je vois Lucas,
Et que ton humeur chagrine
S'oppose à tous mes ébats,
Tu me parois plus étrange
Que le chien du jardinier,
Qui ne veut pas qu'on lui mange
L'herbe qu'il ne peut brouter. — FIN.

---

*Les derniers regrets du garçon, de ne
pouvoir avoir Catherine ; même air.*

L'Autre jour dans des Latrines
Cherchant un gand à tâton,
La petite Catherine
Mit la main sur un étron ;

Cette avanture nous prouve,
Qu'il arrive en certain cas,
Que le plus souvent l'on trouve
Ce que l'on ne cherche pas.
  L'autre jour à la chandelle
D'assez loin je t'apperçûs,
Et tu me parus si belle
Que je pensois voir Venus :
Le grand Jour me désabuse,
Et de prés moins prévenu,
Je te trouvai si camuse,
Que je croyois voir un cul.
  Ne me fais pas une affaire
Sur cette comparaison,
Je ne te fais point d'outrage,
Car chacun est convenu,
Que sans le nez, le visage
N'est autre chose qu'un cul.
  Dans le cours plusieurs belles
Tour à tour y vont briller
Mais ce n'est qu'à la chandelle
Qu'elles s'y font admirer
Car en sont-elles sorties,
On ne les reconnoit plus,
Et telle qu'on croit jolie
Est laide comme mon cul.

F I N.

Autre, Sur le même air.

JE cheris le badinage,
 Autant que j'aime le vin,
Mes plaisirs dans le bel âge
Etoient auprès de Carin,
Sous de plus heureux auspices
J'accomplirai mon dessein,
L'amour en veut les prémices,
Bacus en aura la fin.
 J'abandonne à la Regence
Le soin de regler l'Etat,
Celui de la conscience
Regarde nôtre Prélat;
De vouloir chercher la gloire,
C'est un trop pénible emploi,
Mais ceux d'aimer & de boire,
Je les reserve pour moi.
 F I N.

Autre Chanson.

LEs pauvres filles gagnent peu
 Dans le tems où nous sommes,
Trop de gens se mêlent du jeu,
Et c'est ce qui m'étonne,

Filles croyez-moi,
Quittez cette emploi,
Car la saison n'est pas bonne.
Que deviendra le Pont aux Choux,
Et la pauvre Courtille,
Ce n'est pas qu'on manque de foux,
Encore moins de filles,
Car faute d'argent,
Pour du vin souvent,
Au lieu d'une on en a mille.
　Le merite de ma Cloris
N'est pas à l'ordinaire,
A table elle emporte le prix,
Quand elle se met à boire,
Et quand il s'agit
De se divertir,
Elle est toujours la premiere.

FIN.

Autre Chanson nouvelle: sur l'air, Dans le bel âge, ou bien sur l'air, l'amour est un traître.

JEune Brunette,
Fille du Dieu d'amour,
Beauté parfaite,

Je suivrai vôtre Cour,
Car depuis l'autre jour
J'ai senti à mon tour
La blessure secrette
Que vous faites en amour,
Jeune Brunette.

Nulle à vôtre âge
N'excite tant de feux,
C'est donc je gage
Mille cœurs amoureux
Dans l'espoir d'être heureux,
Vous offrent tous leurs vœux
Vous avez l'avantage.
D'attirer par vos yeux
Tout leur hommage.

Mon cœur trop tendre
Cede à tous vos attraits
Sans plus attendre,
Loin d'éviter vos traits,
Iris, je m'y soumets,
Car on a pû jamais
Contre vous se deffendre,
Vous blessez de si prés
Qu'il faut se rendre.

D'un amant sage,
Vif & perseverant
Je suis l'image,
Traitez moi doucement
L'amour n'est plus charmant,

Dés qu'il regne en Tyran,
Dans son dur esclavage
Le cœur le plus constant
Devient volage.
La laide Amynthe
Croit que pour ses écus
L'on e contraint,
De l'aimer en Venus,
Crois moi, mon cher bachs,
Ne t'embarasse plus
De cete humeur sévere,
Hélas je n'aime plus
Cette Bergere.

FIN.

Chanson nouvelle, Sur l'air: Ton humeur est Catherine.

UN habit, fil e volage,
  D'un satin bleu & citron
Vous pareroit davantage
Qu'un de speculation,
Quand on veut faire connoître,
Que l'on a bien des écus,
Il faut sçavoir se mieux mettre
Et quelque chose de plus.
  Vous portez une grisette,
Qui est d'un trés-mauvais choix,

Vous sentez vôtre Guinguette,
Vous n'avez que l'air bourgeois,
Vôtre écharpe est toute unie,
Il y faut mettre un frangeon,
Quand elle sera garnie,
Garnissez vôtre juppon.

 Vôtre coeffure à la mode
Vous sied, on ne sçauroit mieux,
Elle est facile & commode,
Pour vous coëffer sans cheveux
Car quand on fait la jeunette,
Rien n'est plus à contre-tems
Que de voir sous la cornette
Quantité de cheveux blancs.

 Le bien fait qu'on vous caresse
Avec de l'empressement,
Les Amans avec adresse
Veulent attraper vôtre argent,
Pensez, filles, qu'à vôtre âge
Ce ne sont plus vos appas,
Que l'on cherche en mariage,
Ce ne sont que vos ducats.

FIN.

Veu l'approbation du Sieur Passart, permis d'imprimer ce 10. Avril 1717.

M. R. DE VOYER D'ARGENSON.

CHANSON NOUVELLE,

Sur l'air ; *sous les pantes d'une Treille,*
à table avec mes amis.

Buvons tous à ma conquête
De cette aimable liqueur
Peut-on ménager sa tête,
Quand on a perdu son cœur
Buvons tous à ma conquête
De cette aimable liqueur.

   Croyez vous qu'Amour m'attrape
De m'avoir ôté Catin,
Qu'ai-je affaire de la grape,
Quand j'ai foulé le Raisin,
Croyez-vous qu'Amour &c.

   Petit buveur que vous êtes,
Vous ferez peu de Cocus
Quand Bacchus est de la fête,
L'Amour en vaut plus d'écus,
Le vin donne dans la tête
La tête emporte le Cul.

   Sous les pantes d'une treille
A table avec mes amis
Je caresse ma bouteille,
Ces plaisirs me sont permis,
Au lieu de quelque farouche,
Qui mépriseroit mes vœux,
Je la prens & je la couche

Et j'en fais ce que je veux.
　A servir une Maîtresse,
Bien souvent on perd ses pas,
Bien heureux qui n'aimes gueres ;
plus heureux qui n'aimes pas,
A servir une Maîtresse,
Bien souvent on perd ses pas.
　Quand on a quelque amourette,
C'est toûjours nouveaux desirs,
Heureux qui de sa musette,
Fait son unique plaisir,
Quand on a quelque amourette,
C'est toûjours nouveaux plaisirs.
　Amour, dont l'air agréable,
Ne nous promet que douceurs,
C'est un serpent redoutable,
Qui se cache sous les fleurs,
Amour, dont l'air agréable,
Ne nous promet que douceurs.
　　　　F I N.

CHANSON NOUVELLE.

Rien n'est si certain à present　　*bis.*
L'on vit pour l'amour seule-
　ment,　　　　　　　　　　　*bis.*
Tous les autres amusemens,
Ne sont que des sornettes,
Le jou jou, le jou jou, pour ces fillettes
Jou jou, jou jou, pour ces fillettes.

Les filles à present de douze ans *bis.*
Lassées d'attendre des Amans *bis.*
Demandent tout ouvertement
Sans passer pour coquettes,
Jou, jou, &c.

   Celles qui sortent du Convent *bis.*
N'ont pas plus grand contentement *bis.*
Que de chanter incessamment
Oubliant leurs retraites,
Le Joujou, &c.

   Le Paysant dans son Hameau, *bis.*
Quitte sa boulle, son vin nouveau *bis.*
Pour aller avec Isabeau
Chanter dessus l'herbette
Joujou, pour ces fillettes. *bis.*

CHANSON NOUVELLE,
Sur l'air; *Je cherche un petit bois touffu,*
ou bien; *mon cher Bacchus*
tout est perdu.

DE nôtre sort vivons contens
  Buvons tous à la ronde,
Oublions dans ces doux momens,
Tout le reste du monde,
Le plus charmans de tous les Dieux,
S'assemble pour nous plaire,
Je tiens Bacchus, & dans vos yeux
Est le Dieu de Cythere.
   Rien n'est égal à la douceur

A ij

De vôtre beau visage,
Vôtre esprit vôtre belle humeur,
Vos yeux, tout nous engage,
Quand vous tenez un verre en main,
Belle Iris il me semble,
Voir l'Amour & le Dieu du vin
Qui badinent ensemble.

Buvons sans que l'amour jaloux
Trouble nôtre tendresse,
Buvons souvent à petits coups,
Sans tomber dans l'yvresse,
Ménageons si bien nos plaisirs,
Qu'ils durent sans les craindre
Il faut contenter ses desirs
Jamais ne les éteindre.

CHANSON NOUVELLE,

Sur l'air ; *dans le bel âge*, ou bien ; *à la pipée trois Bergeres s'en vont*.

Qu'une bouteille
Dans les mains de Philis,
Est sans pareille,
elle en fait tout le prix,
L'amant & le buveur,
enyvrez pleins d'ardeur,
A l'envie font merveille,
C'est le chemin du cœur

qu'une bouteille.
 Ah! que de gloire
Mon cœur est enchanté,
Philis va boire,
Et boire à ma santé,
Bacchus en ma faveur,
Redouble ta vapeur,
Acheve ta victoire,
Si tu flechis son cœur
Ah! que de gloire.

 Philis, courage
Prenons de ce vin vieux,
C'est le breuvage,
Des Mortels & des Dieux,
Vos yeux en sont plus doux,
Mon cœur est plus à vous,
Oh! le charmant langage,
En dépit des jaloux
Philis courage.

 Verse sans-cesse
Je veux rompre les nœuds,
D'une tygresse,
Qui se rit de mes feux,
Mais si Philis un jour,
Sentoit quelque retour,
Revenez ma tendresse,
En faveur de l'amour
Verse sans-cesse.

F I N.

A iij

CHANSON NOUVELLE

Sur un air nouveau.

L'Autre jour ma Cloris
Pour qui mon cœur soupire,
Avec un doux soûris,
S'en vint tout bas me dire,
Mon Berger, mes amours,
M'aimerez-vous toûjours.

　Alors de mon tourment
Je l'a voulu instruire
et dans ce doux moment,
elle m'obligea de dire,
Bergere, mes amours
Je t'aimerai toûjours.

　Le jour qu'elle partit,
Dieux qu'elle avoit de charmes!
Cette Belle me dit
Les yeux baignez de larmes,
Mon Berger mes amours
M'aimerez-vous toûjours.

　Eloigné de tes yeux
Je languis, je soupire,
Je te cherche en tous lieux,
Je voudrois bien te dire,
Ma Cloris, mes amours
Je t'aimerai toûjours.

Quoi qu'absent, chaque jour
Mon cœur sent qu'il t'adore,
quand ma bouche à son tour,
Te dira-t-elle encore,
Ma Cloris, mes amours
Je t'aimerai toûjours.

Oüida je t'aimerai
quelque mal que j'endure,
Jamais je ne romprai,
La foi que je te jures,
Bergere mes amours
Je t'aimerai toûjours.

Le soir me suis trouvai
Au coucher de ma Belle,
elle m'a dit Berger,
Je ne suis pas cruelle
Profites mon ami
De cette heureuse nuit.

Je pris la Belle au bon
J'embrassai ma Bergere,
Avec un doux soûris,
elle me dit de faire,
Mon Berger, mes amours
M'aimerez-vous toûjours.

Le lendemain matin
Nous allâmes nous rendre,
Là bas dans ce valon,
Où tout devient si tendre,
Où la nuit & le jour

Sont propres pour l'amour.
 Le beau Berger Tyrcis
Prés de sa chere Nannette,
Au bord du Loire assis,
Chante sur sa musette,
Bergere, mes amours.
Je t'aimerai toûjours.
 Le beau Berger Michauld
En contoit à Charlotte,
Lui dit un tendre mot,
Et la prit par sa cotte,
Bergere, mes amours.
Languirai-je toûjours.
FIN.

CHANSON NOUVELLE,

Sur l'air ; *Des beaux yeux belle & charmante Iris*, ou sur l'air ; *vous sçavez que je vous aime.*

JE n'ai point de dettes ni procés,
 De femme je n'en aurai jamais,
Des enfans j'ai le plaisir d'en faire,
De les nourrir je n'en ai pas le soin ;
C'est à quoi je mets toute ma gloire
Et ce qui fait que je vis sans chagrin.
FIN.

CHANSON NOUVELLE,

Sur l'air ; *Ah ! que le lit ma menagere.*

AH ! que j'ai de plaisir Lisette,
Quand je te tiens dans ce valon,
Je mets la main sur ta houlette
Et badine avec ton mouton.

N'attendons point belle Bergere,
que le printems soit de retour
pour avoir le plaisir de faire
Ce que nous inspire l'amour.

FIN.

CHANSON NOUVELLE,

Sur l'air ; *Vous qui vous mocquez par vos ris.*

EN joüant je perd mon argent,
en plaidant je me ruine
en fumant le gosier me cuit,
en buvant je m'en yvre
en aimant je perd l'esprit,
Faut donc cesser de vivre.

Dans mon Château fort prudemment
J'ai renfermé mes filles,
Il faut veiller incessamment,
Sur deux beautez gentilles,
Car les limaçons bien souvent
Sortent de leur coquilles.

FIN.

CHANSON NOUVELLE,
Sur l'air ; Le printems rappelle aux armes.

Jeune cœur, cedez sans peine   bis.
L'Amour vous gêne
Jeune cœur, cedez sans peine
A nos desirs
Quelque route que l'amour prenne
C'est la route des plaisirs.   bis.
   D'un cœur fier quand l'amour blesse,   bis.
Je crains la foiblesse
D'un cœur fier quand l'amour blesse
Je crains le fort,
Car ce Dieu regne sans cesse
Et nôtre fierté s'endort.   bis.

FIN.

Chanson nouvelle sur les adieux des filles de joye, Sur l'air ;
Bon voyage.

D'Un cœur trés-marri
Faut quitter la Ville
Sortant de Paris
Pour aller aux Isles,
Ta la la la,
Ta la la la.
   Adieu le Pont-neuf
La Samaritaine,

Surene, Argenteüil
et le Cours de la Reine
Ta la la, &c.

Ah ! quel déplaisir
Pour nous autres filles
Pour avoir fait plaisir
Aux gaçons bons drilles
Ta la, &c.

Adieu saint Denis,
Montmartre & la Villette,
Les porcherons aussi
Le Roulle & la Guinguette
Ta la, &c.

Adieu les jardins
et les promenades
Où nous faisions festin
Avec nos camarades
Ta la, &c.

A Vaugirard, Ivry
Charonne & la Courtille,
Avec nos bons amis
Joüons souvent aux quilles,
Ta la, &c.

Adieu Chirurgiens
Et Apotiquaires
Qui nous vendiez bien
Souvent des crysteres
Ta la, &c.

Adieu saint Germain

Et la ruë de la Huchette
Avec nos cousins
Nous buvions en cachette
Ta la, &c.

Nous sommes huit cent
Filles non pucelles
Nôtre embarquement
est à la Rochelle
Ta la, &c.

Etant sur les eaux
Trés-bonne caballe
Seront dans les vaisseaux
Tout au fond de calle
Ta la, &c.

Dedans ce lieu là
Sans songer au lucre
Planterons du tabac
Et pilerons du sucre
Ta la, &c.

Adieu donc Joli cœur
Sans Souci & la Jeunesse
Cordonniers & Tailleurs
Qui nous aime & caresse
Ta la la la,
Ta la la la.

FIN.

Vû l'aprobation, permis ce 29. *Juillet* 1737.   M. R.

CHANSON NOUVELLE,

Contenant toutes les particularitez de la Victoire remportée à Denain en Flandre, par l'Armée du Roi, commandée par Monsieur le Maréchal de Villars.

Ennemis de la France,
Je vous plains cette fois
Malgré vôtre vaillance,
Vous voila aux abois ;
Villars vous fait connoître
La valeur des François,
Vous l'allez reconnoître
Par ce recit courtois.

Villars donne ses ordres
Aux Dragons de Coigny,
D'aller sans nul désordre
Se poster à Femy,
Broglio tout de même
Est commandé aussi
Par un zele trés-extrême
D'observer l'ennemi.

Le Comte d'Albemarle
A Denin sur l'Escaut
Y est changé en merle

Dans ce petit tripot,
Vous verrez dans la suite
Comme il sera mené
Sans pouvoir prendre fuite
En cage il est placé.

Villars plein de courage,
Au Marquis de Vieuxpont
Lui donna pour partage
De jetter des ponts
Sur l'Escaut vers Neuville,
Muni de ses pontons,
Pour leur faire prendre Gille
Menant trente bataillons,

Albergoti amene
Vingt autres Bataillons,
Et Villars lui-même
Cinquante bons escadrons,
Toute l'Armée en marche
Apris aux ennemis,
Leur fâcheuse démarche
Pour prendre Landrecy.

FIN.

Chanson nouvelle, Sur l'air ; *de Beliby,*
à la façon de Barbary mon ami.

LE prince Eugene s'étoit promis
De saccager la France,

Pour cet effet il avoit mis,
Des vivres en abondance,
Dans Marchiennes, ce dit-on,
La faridondaine, la faridondon,
Le tout pour prendre Landrecy,
Beliby, à la façon de Barbary mon ami.

Villars ayant apris cecy,
Marcha en diligence,
Et pour tromper son ennemy,
Et lui ficher la gance,
Fit défiler les Bataillons,
La faridondaine, &c.
Albemarle y a été pris,
Beliby, &c.

Ce fut Broglio des premiers,
Qui commença la dance,
Il renversa les Cuirassiers,
Les mit en décadance,
Les Hollandois ont tenu bon,
La faridondaine, &c.
Les Troupes des Alliés aussi,
Beliby, &c.

Le Prince Eugene de son côté,
Parut tout en colere
Sur sa grande jument monté
A la fin de l'Affaire,

A ij

Il vou lu reprendre le pont,
La faridondaine, &c.
Voyez comme il a réüssi,
Beliby, &c.

Ce ne fut pas sans Luxembourg
Que se passa l'Affaire,
Il attaqua aussi de Bourg,
Et les pris par derriere,
Oüi, dit-il, ce n'est qu'un poltron,
La faridondaine &c.
Nous aurons bon marché de lui.
Beliby, &c.

Les vieux Soldats l'ont reconnu
Pour le fils de son pere,
En guerre trés-bien entendu,
N'allant jamais arriere
Qui nous traita en petits garçons,
La faridondaine, &c.
A Stinkerque où nous fûmes pris,
Beliby, &c.

Chanson nouvelle, Sur l'air ; *la Fille du Village.*

LA Fille du Village
Ne donne à l'Officier
Qu'un amour de passage,
C'est le droit du Guerrier,

Mais un Contrat en forme
C'est le droit du Fermier,
Monsieur l'aventurier.

Vous êtes par trop fiere
La belle à un Amant,
Quand on est si severe,
L'on perd d'heureux momens,
Souffrez que l'on reforme,
Ces airs indiferens,
Ou bien ma foi sous l'orme
Vous attendrez long-tems.

Quand on est jeune & belle,
Pourquoi s'embaraſſer
D'un Amant infidel
Qui veut toûjours douter,
Au penchant qui l'entraîne,
Faut le laiſſer aller,
Briſer ſa triſte chaîne,
Et ne le plus aimer.

Douter de ma tendreſſe,
C'est vouloir m'inſulter,
Je ne ſuis plus maîtreſſe
Tyrcis de vous aimer,
Ainſi de ma foibleſſe
Je pourrois triompher
Je chercherois ſans-ceſſe

A iiij

Le moyen de changer.

Vous qui pour heritage
N'avez que des apas,
D'argent ni équipage
Ne vous manquera pas,
Malgré vôtre reforme,
La veuve y pourvoira,
Attendez-la sous l'orme,
Peut-être elle y viendra.

C'est ici me dit elle,
L'Isle des soûpirans,
C'est ici que les belles
Amusent leurs amans,
Cette Isle est toute pleine
De vieillards exilés,
Qu'amour de ces Domaines
A pour jamais chassés.

Chanson nouvelle, Sur l'air ; De Colain joüeur de musette.

NE fais point tant la severe,
L'autre jour dans un jardin,
Je t'ai vû avec Colin,
J'irai le dire à ta mere :
Ah, Robin tais toi, j'en connois,
J'en connois, j'en connois,
Bien d'autre qui font comme moi.

Colin deſſus ſa muſette
Joüoit d'un fort joli ton,
Et comme un petit mouton
Bondiſſant ſur l'herbette,
Ah, Robin, &c.

Tu lui diſois éperduë,
Et d'une jolie façon,
Ah, Colin réjoüis-moi donc,
Ce bel air qui m'a émuë,
Ah, Robin, &c.

De cent plaiſirs tranſportée,
Tes yeux ſembloient s'aveugler,
Sans qu'on t'entendit parler,
Ta langue étoit agitée,
Ah, Robin, &c.

Sans me tromper ma bergere,
Je vois quel eſt ton humeur
Que pour te gagner le cœur,
La Chanſon fait cette affaire,
Ah, Robin, &c.

Sur le bord d'une fontaine
Colin joüoit l'autre jour
Un air tout rempli d'amour,
Qui marquoit toute ſa peine,
Ah, Robin, &c.

J'en fus vivement touchée ;
Je le contai à ma mere,
Qui m'a sur tout demandé,
S'ils y avoit de quoi me plaire,
Ah, Robin, &c.

Chanson, Sur l'air ; *Je cherche un petit bois touffu*, ou bien ; *Mon cher Bacchus*.

VOus demandez une Chanson,
 Je n'en fais point Climene,
Qu'Amour n'en paye la façon,
 Et ne m'ouvre la veine,
J'en fis l'autre fois pour Iris,
 J'avois l'art de lui plaire,
Je vous en offre au même prix,
 Je ne sçais point surfaire.

 Vous me demandez un couplet,
 Tout rempli de tendresse,
Ma foi je n'en ai jamais fait,
 Que pour une Maîtresse,
Promettez-moi, chere Philis,
 Que je pourrai vous plaire,
Vous me trouverez à ce prix,
 Tout prêt a vous le faire.

Chanson, Sur l'air ; *La jeune Isabelle*.

LA jeune Lisette,
 Mêloit quelque fois,

Avec ma musette,
Le son de sa voix,
Et cette apparence,
Dont je fûs charmé,
M'offre l'esperance,
De me voir aimé.

 L'aimable Bergere,
Seulette au matin,
Me vit sans colere
Lui baiser la main.
Et cette apparence,
Dont je fûs charmé,
M'offre l'esperance,
De me voir aimé.

    F I N.

Chanson nouvelle; sur les pois.

AH! la drole d'histoire,
Que l'on chante là-bas,
De la fille à Gregoire
Qui a fait un faux pas,
Ah, la drole d'histoire,
Chacun la chantera.

 Elle dit à sa mere
Ne parlons pas trop bas,
Que pour la satisfaire,
Lui falloit Nicolas,
Ah, la drole d'histoire
Chacun la chantera.

La mere enfle ſa rate,
Quoi qu'elle ne ſçache pas,
Que la petite chate
A danſé les cinq pas,
Ah, c'eſt un coup de perte
Qu'un chacun chantera.

La veille de ſaint Pierre
Claudine & Nicolas
Sans le dire à ſa mere
Furent cueillir des poix,
Ah, la drole d'hiſtoire
Chacun la chantera.

En entrant dans ſa terre,
Colas ne manqua pas
De dire à ſa bergere,
Cueillons les petits poix,
Ah, la drole d'hiſtoire,
Chacun la chantera.

La petite friande
Si tôt ne manqua pas
D'accepter la demande
De ſon berger Colas,
Ah, l'hiſtoire plaiſante, &c.

Ils ſe mettent en cadence,
Dans le milieu des poix,
Il n'en reſte aux branches
Pas un ſeul écoſſas,
Ah, l'hiſtoire plaiſante, &c.

FIN.

Chanson nouvelle, de la Comedie du Diable boiteux.

Sans peur de censurer
Du Diable boiteux,
Que les ris, les jeux
Dans nos galantes avantures,
Avec les amours.
Vous suivent toûjours.

   Ce Diable reveille
Ce que chacun fait ;
Mais il est discret,
Si-tôt qu'un tendre amour s'en mêle
Et trompe avec nous,
Les yeux des jaloux.

   En ce lieu Lisette
Avec son Amant,
Est en ce moment,
Et le pauvre époux qui les guette,
Ouvre de grands yeux,
Et n'en voit pas mieux.

   Tel de la Satyre
Qu'on debite ici,
Ne prend nul souci ;
Et de son voisin pense rire,
Qui prend pour autruy
Ce qu'on dit de lui.

La vielle Artemise
S'étant ce matin
Crut voir un beau tein,
Dans une Glace de Venise,
Est ici ce soir,
Pour le faire voir.
   Là prés d'une belle,
Un vieux Financier
Amant pour payer,
Brille dans la loge avec elle
Et l'Amant cheri
Au parterre rit.
   Si de nôtre zele
Le public content
Vient ici souvent,
Revoir nôtre piece nouvelle,
Le Diable boiteux
Sera trop heureux.
   D'un amour fidele
D'un esprit constant
L'on voit les amans,
Etre toûjours prés de leurs belles,
Chacun plaint le sort
D'un mari qui dort.

FIN.

Vû l'Aprobation permis d'imprimer.
Paris le 22. Aoust 1714. M. R.

CHANSON NOUVELLE,

Sur l'air : *vôtre lan la landerirette.*

C'Est Cupidon qui m'inspire
Tendres cœurs écoutez tous,
Jamais amoureuses Lyre,
Ne rendit de sons si doux,
Que nos lan la, landerirette
Que nos lan la landerira.

 Belles veici de la Fable,
Tous les mistéres secrets,
Ce carquois si redoutable,
Dont l'amour tire ses traits
Sont vos lan la, &c.

 Quand l'amour fait une bréche
Au milieu d'un tendre cœur,
Sçavez-vous qu'elle est la fléche
Dont se sert ce Dieu vainqueur,
C'est un lan la, &c.

 D'Amathonte le bocage
Les Cytheres, les Paphos,
Où l'on voit faire naufrage
Philosophes & Heros
Sont vos lan la, &c.

 Le beau Temple de Cythere
Où nous adorons les Dieux,

A

N'eſt ni de bois ni de pierre,
Mais il eſt plus précieux
Pour vos lan la, &c

Jadis ſous maintes figures
L'on vît deſcendre les Dieux,
Ces Maîtres de la nature,
Se dégoûtoient dans les Cieux
Sans vos lan la, &c.

Si Troye fut réduit en cendre
Quelle en fut la cauſe hélas,
C'eſt que Pâris alla prendre,
De la femme à Menelas
Ce beau lan la, &c.

Diane trop inhumaine
Voulut punir Acteon
Pour avoir dans la fontaine,
Vû de trop prés ce dit on,
Son beau lan la, &c.

Ovide loin d'Italie
Fut accomplir ſon deſtin,
Pour avoir ſçû de Julie,
Derober un beau matin
Le beau lan la, &c.

Venus quoyque toute aimable
N'eut pas remporté le prix,
Si cette belle traitable,
N'eut fait tâter à Pâris
De ſon lan la, &c.

Mais pourquoi se satisfaire
De l'antique fausseté,
Quittons la fable Bergere,
Goûtons la réalité
De ton lan la, &c.

Accorde moi dans ton cœur
Une place seulement,
Puisque ta vertu farouche,
Refuse un soulagement,
A mon lan la, landerirette
A mon lan la landerira.

Les plaisirs, les jeux, les graces
T'accompagnent avec les ris,
L'Amour marche sur tes traces,
Et pour thrône il a pris
Ton beau lan la, &c.

Ces bois, ces eaux, ces rivages
D'amarante & de pavots,
Où l'on voit faire naufrage
Les plus sages, & les heros ;
C'est ton lan la, &c.

Forests propres aux mysteres
C'est sous vos ombrages verds,
Qu'enchanté de ma Bergere,
J'oublierois tout l'Univers
Pour son lan la, &c.

Le beau temple de Cythere
Qu'en cen sent même les Dieux,

N'est point de bois ni de pierre,
Il est bien moins précieux
Que ton lan la, &c.

 Pour nonante une pistole,
Je donnerois mon lan la,
Mais conter sur ta parole,
Cher ami qu'est-ce cela
C'est un lan la, landerirette
C'est un lan la landerira.

CHANSON NOUVELLE.
Sur l'Air : *de Joconde*, ou sur l'air ancien *de mon cher Bacchus tout est perdu*.

AH! Ciel, quel beau couple de Sœurs
A mes yeux se presente,
Quel écueil pour des jeunes cœurs,
L'un & l'autre est charmante,
Mais sans mettre en comparaison,
Leurs beautez peu communes,
Soit par simpathie ou raison
J'aimerois mieux la Brune.

 La Cadette a pourtant le prix
Par un autre mérite
Je vois les yeux, les chants les ris
Badiner à sa suite,

Sa blancheur efface les lis,
Sa taille est sans seconde,
Du premier choix je me dedis
J'aimerois mieux la Blonde.

  Mais que l'ainée a de beaux yeux
Qu'elle charmante bouche,
Que son souris est gratieux,
Il n'est cœur qu'il ne touche,
Son s'érieux même fera,
Quelques jours sa fortune,
De l'heureux epoux qu'elle aura,
J'aimerois mieux la brune.

  Mais quand je regarde de près
Son aimable cadette,
Je sens balancer mes souhaits,
Qu'elle est belle & bien faite,
L'agrément joint à la beauté,
Enchante tout le monde,
Et je crois que tout bien compté
J'aimerois mieux la blonde.

  Comme un fer entre deux aymans
Demeure en équilibre,
Mon cœur entre vous balançant,
N'est éclairé ni libre,
Si l'on me donnoit à choisir,
Des cœurs comme les vôtres,
Je dirois de peur de faillir
J'aime bien l'un & l'autres.   FIN.

CHANSON NOUVELLE.
Air nouveau

A'Lombre de ce verd Bocage
J'ay trouvé deux rares beautez
L'amour a formé leurs visages,
Sur celuy des divinitez,
Mais à qui rendray je les Armes,
Amour détermine mes vœux,
Elles brillent de tant de charmes
Que je les aime tous deux.

L'une est une blonde mourante
Qui me ravit par sa douceur,
Et l'autre une brune piquante,
Dont les traits me percent le cœur,
A qui faut il rendre les armes,
Amour détermine mes vœux,
Elles brillent de tant de charmes
Que je les aime tous deux.

Incertain sur la preference
Je ne puis fixer mes desirs
Je sens bien que mon cœur balance,
Du partage de mes soupirs.
Mais la blonde comme la brune
M'enchaîne par de si doux nœufs
Qu'il faudroit pour n'en aimer qu'une,
N'en avoir vû qu'une des deux.

Mon cœur est toujours la victime
De leur merite different,
Je me fais à moy-même un crime,
Du double hommage que je rend,
Ainsi par une Loy cruelle,
Je suis à la fois dans mes feux,
Perfide volage infidele
Constant sincere & malheureux.

Si j'exprime à l'une ma flâme
J'éprouve à l'instant malgré moy,
Que l'autre en couroux dans son ame,
M'accuse de mauvaise foy,
Charmante brune aimable blonde,
Blonde aux yeux noirs, brune aux yeux
   bleus,
En ma place personne au monde,
Ne pourroit choisir de vous deux.

L'amour dans ces belles retraites
Vient pour enchanter tous les cœurs,
Chantons celebrons les conquêtes,
De ce grand vainqueur des vainqueurs,
Accordez bergers vos musettes,
Avec vos tendres chalumeaux,
Que le bruit de vos chansonnettes
Réponde aux concerts des oyseaux.

J'ay long-tems senti sa puissance
Mais je connois sa trahison,
Je retourne à l'indifference,

Qui me rend toute ma raison,
L'Amour ni ses plus belles chaînes,
Ne sçauroient tenter mes desirs,
Et pour être exempt de ses peines
Je le quitte de ses plaisirs.
  Je suis peu touché de la gloire
Qu'on peut obtenir en aimant,
D'un amant qui s'en fait accroire,
Je regarde en paix ce tourment,
Je suis toûjours dans l'esperance,
De me garantir de ses traits,
Et grace à mon indifference
Je goûte une agreable paix.

Reponse

Quand Pâris eut un choix à faire
Fut il si long-tems incertain,
Pour decider de telle affaire,
Il est un facile chemin,
Avec l'une & l'autre belle,
Goûtés les plaisirs de l'amant,
Et donnés la pomme fidelle
A qui vous rendra plus content.

Autre reponse sur le même air ci devant.

MOn cœur sor ez d'inquietude
Sur le choix des aimables Sœurs,
Cupidon dans leur servitude

Offre de pareilles douceurs;
Contemplez la blonde & la brune,
Chacune à ce qui sçait charmer,
Mais de laquelle la fortune
A promis de vous faire aimer.

Autre reponse, Sur l'Air : *verse du Vin &c.*

CEs deux beautez dedans mon ame
Excitent helas les mêmes feux,
Je voudrois que toute ma flame
Ne penchat qu'à l'une des deux.
  Ainsi par une ardeur nouvelle
Il faut que j'adresse mes vœux
Mais mon cœur ne sera fidele
Qu'a celle qui m'aimera le mieux. FIN.

Chanson nouvelle, Sur l'air *du Cotillon Lutin.*

COntre les défauts d'autrui
Jamais mon cœur ne s'irrite,
Sur les hommes d'aujourd'hui,
Avec du vin je médite,
Je me ris, je me ris, je me ris d'eux,
Je suis un vray Démocrite,
Je me ris, &c.
Quand je bois je suis heureux.

A 4

Qu'un avare à son argent
Et la nuit & le jour veille,
Qu'un époux soit mécontent,
Qu'il ait la puce à l'oreille,
Je me ris, &c.
Je m'en tiens à ma bouteille.
Je me ris, &c.

Qu'un Seigneur soit à la Cour
Attaché comme un esclave,
Qu'un vieillard fasse l'amour,
Qu'un poltron fasse le brave,
Je me ris, &c.
Tout mon bien est dans ma cave.
Qu'un sçavant musicien,
Sur un rondeau se morfonde,
Qu'un mathématicien.
Dans Euclide se confonde
Je me ris, &c.
Je sçay que ma table est ronde.

Qu'au milieu du Camp de Mars
Les enfans de la victoire,
Aillent parmi les hazards,
Chercher une fausse gloire,
Je me ris, &c.
Je ne suis fait que pour boire.

Qu'un petit maître en couroux
Des femmes cherchent à médire,
Qu'un amant sombre & jaloux,

Sans cesse rêve & soupire
Je me ris, &c.
La soif fait mon martire.

 Qu'un plaideur pour un extrait
Soir & matin sollicite,
Qu'un autre soit par decret,
Contraint à garder le gîte,
Je me ris, &c.
Je bois mon vin sans poursuite.

 Qu'un chasseur pour son gibier
Courre les bois & la pleine,
Que l'amoureux financier,
Paye une fausse Inhumaine
Je me ris, &c.
Je ne bois qu'à tasse pleine.

 Qu'un joüer dans un cornet
Aille tenter l'aventure,
Que cet autre à lansquenet,
Fasse & refasse, peste & jure,
Je me ris, &c.
Ma réjoüissance est sure.

 Qu'un Prodigue bien faisant
Donne jusqu'à sa chemise,
De l'Auteur du médisant,
Qu'un bon critique médise,
Je me ris, &c.
Je boirai quoi qu'on en dise.

 Qu'un rimailleur turbulent

Au Public fasse la guerre,
Qu'un Acteur pâle en tremblant,
Demande grace au Parterre,
Je me ris, &c.
Je décide avec mon verre.

Qu'un jeune Financier
Se fasse aimer d'une belle,
Qu'un Chanoine Régulier,
Pour matines se réveille,
Je me ris, &c.
Mon Breviaire est ma bouteille.

Certains pâles Medecins
Toûjours le nez dans l'ordure,
Ont en grand horreur le vin,
Boivent de l'eau toute pure,
Je me ris, &c.
J'aime le bon vin, je jure.

Quand je vois tous ces badauts
Pour l'Ambassadeur de Perse,
Monter sur des échafauts,
Et tomber à la renverse,
Je me ris, &c.
J'ay mis mon tonneau en perce.

Si quelqu'un est mécontent
Des traits badins de ma muse,
Pleurerai-je à ses dépens,
Non tout autrement j'en use,
Je me ris, je me ris, &c.

Dans le vin j'ay mon excuse,
Je me ris, je me ris, &c.
Quand je bois je suis heureux.

※※※※※※ § ※※※※※※

Autre, Sur l'air : *Te souviens-t-il des Galettes que gros Guillot te donna*, &c. ou bien, *Blaise voyant sa Lisette*, &c.

D'Ormant à l'écart seulette,
Mon Berger me rencontra
Sa main qui fut peu discrette,
En sursaut me reveilla,
J'eus recours à ma houlette,
Lon lan là, au gué lan là.
   De pudeur & de colere
Mon visage se troubla,
Je l'appellai temeraire,
Hélas rien ne l'arrêta,
J'eus beau vouloir m'en deffendre,
Lon lan là, &c.
   Ma vertu pour sa deffense
Tous ses efforts redoubla,
Mais malgré sa violence
La victoire balança,
J'en rougis lors que j'y pense,
Lon lan là, &c.

              F I N.

Autre, Sur l'air : *La charmante Iris n'est plus inhumaine.*

SI j'étois aimé de Climene,
Je m'estimerois plus heureux qu'un Roi
Quand je pense à l'inhumaine
Mon cœur languit sous sa loi,
Poison dangereux
Que l'on prend par les yeux
Que tu fais peines à mon cœur amoureux.

FIN.

Autre, Sur l'air, *des Folies d'Espagne.*

PLeurez mes yeux, pleurez ce coup funeste
J'ai tout perdu en perdant mon Iris,
Cruel destin, prenez ce qui me reste
Ou me rendez ce que vous m'avez pris.
Si nos deux cœurs sont formez l'un pour l'autre,
Charmante Iris, unissons les donc bien,
D'autres que moi pourront avoir le vôtre,
D'autres que vous n'auront jamais le mien.
Ma langueur, mes soûpirs & mes larmes
Fléchiroient le plus superbe cœur,
Mais hélas, ce sont de foibles armes,
Pour toucher Iris, & sa rigueur.

Gardez vous bien trop aimable Jeuneſſe
De refuſer quelque amoureux deſir,
Tous les momens qu'on paſſe ſans ten-
    dreſſe
Sont des momens qu'on paſſe ſans plaiſir,
  N'écoutez point l'importune ſageſſe,
Qui vous deffend les ris & les jeux,
Elle combat l'amoureuſe foibleſſe,
Mais ſes ſecours n'éteignent pas vos feux.
  Je vis en paix, mes peines ſont finies,
Cruel amour, je me ris de tes maux,
Je n'aime plus que l'émail des Prairies,
Les prez, les Bois & les chants des oiſeaux.
  La liberté d'une innocente vie,
Me fait joüir d'un tranquile bonheur,
Soûpirs, langueurs, plaintes, ni jalouſie
Ne troublent point le repos de mon cœur.
  Ah ! quel plaiſirs, lors qu'après mil
    allarmes
Un cœur s'endort dans un repos ſi doux,
Vous qui d'amour goûtez ſi bien les
    charmes,
Amans heureux vous en ſeriez jaloux.
    FIN.

AUTRE

Belle Iris, veux tu m'en croire
Ne ſongeons qu'à boire,

Dans ce beau réduit,
Verse plein sans te contraindre,
Pourquoi veux-tu craindre
L'éfet qu'il produit,
Qu'il endorme ou qu'il excite
La traite est petite,
De la table au lit.   FIN.

※※※※※※※※※※※※※※※※※※

LA FESTE AUX CLAUDES.

Sur l'air ; Lampon.

Les Sœurs.

MEs bons Freres, tour à tour, *bis*
Chantons l'office du jour, *bis*

Les Freres.

Mes Sœurs pour entonner Laudes
En l'honneur des Rois des Claudes,
Lampon, lampon, Camarades
Lampon.

  A la table Claudius   *bis*
Est un Supôt de Bachus,   *bis*
Hors de là le bon Compere
Est un Supôt de Cythere,
Lampon, &c.

  Que ce Roi des bons vivans   *bis*
Puisse encore vivre cent ans,   *bis*
Qu'il songe toûjours à rire,
Et qu'il puisse toûjours dire
Lampon, &c.   FIN.

Autre ; Sur l'air *des Infiniment petits*,
ou bien *Trinon là belle Jardiniere*
n'arrofoit jamais fon jardin.

L'Amour fans aucune contrainte,
Charmante Philis, vous a peinte
Depuis peu de jours dans mon cœur,
Ce Peintre plus adroit qu'un autre,
Pour faire mon parfait bonheur,
Devroit me peindre dans le vôtre.

F I N.

Chanfon amoureufe.

J'Ai paffé tranquillement
Les jours de ma vie,
Avant le fatal moment
Que j'ai vûë Silvie.   *bis*

Hélas ! je fuis amoureux,
Je fens une flame,
Qu'un trait parti de fes yeux
Fait naître en mon ame.   *bis.*

Vous avez tous les appas
Des Rofes nouvelles ;
Mais au moins ne penfez pas
Me piquer comme elle.   *bis.*

Ah ! dequoi murmurez-vous,
Tendre Tourterelle,
L'amour n'a rien que de doux,

Pour un cœur fidelle.

Vous regrettez un baiser
Que je sçû vous prendre,
Et bien, pour vous appaiser
Faut-il vous le rendre ?   bis.

Si je puis passer mes jours
Près de ma Silvie,
Dieu m'en prolongez le cours
Qu'autant que sa vie.   bis.

J'ai fait serment mille fois
De quitter Silvie,
Mais si-tôt que je la vois
Mon serment j'oublie.   bis.

Les Zephirs & les ruisseaux
Par leur doux murmure,
Semblent prendre part aux maux
Que mon cœur endure.   bis.

Un Berger sous un ormeau
Pleurant son martyre,
Il dit que de tous les maux
L'amour est le pire.   bis.

Quand viendra cet heureux jour,
Que cette cruelle
Sentira pour moi l'amour
Que je sens pour elle.   bis.

Le tems est fort ennuyeux,
Hélas ! quand on aime ;
Mais quand je vois ses beaux yeux,
J'adouci ma peine.   bis.   FIN.

Chanson nouvelle, Sur l'air, *Ma commere j'ai un mary.*

MOn compere je suis marié, bis
Une dondon j'ay épousée, bis
Qui a l'esprit guay & parfait,
Tout ce que je veux elle fait,
Et à tout le monde elle plaît,
De l'argent elle gagne à souhait,
que je suis heureux d'avoir une femme
Belle comme le jour qui travaille & fait
  tout.

  Dès le matin à mon lever, bis.
De bon vin elle s'en va tirer,
Et me fait fort bien déjeûner,
Des poulets & de bons pâtez,
Aprés m'envoye promener,
A midy je viens disner, que je, &c.

  Si quelqu'un me veut venir voir,
Elle s'en va les recevoir,
Leur fait dix milles complimens,
Si joliment & finiment
Qu'elle attrape toujours,
Et moy j'en passe bien mon temps,
que je suis heureux, &c.

  S'il me survient quelque procez,
Elle mesme monte au Palais,
Elle charme les chicaneurs,
Soliciteur & Raporteur,

Et les plaideurs malgrez leur cœur,
Elle emporte toujours l'honneur,
Que je suis heureux, &c.

Hier en se promenant aux champs,
Fut rencontré d'un beau galant,
Qui s'est mis à la cajoler
Et doucement la caresser,
Puis dix écus luy a donné,
Si tost me les a apporté,
Que je suis heureux, &c.

Quand je veux faire quelque repas
Le vin l'argent ne manque pas,
Je me divertis gayement,
Rian, chantans gaillardement
Me donnant toujours du bon temps,
De chagrin n'ai aucunement,
Que je suis heureux, &c.

A lors qu'il me faut quelque habit
Du plus beau drap, soit roux ou gris,
Ma femme m'en va achepter
Des mieux faits & bien galonnez,
Linges, chapeaux bas & soulier
Sans nullement me soucier,
Que je suis heureux, &c.

Garçons qui êtes à marier
Dessus moi exemple prenez
Epousez, vous ferez fort bien,
Belle femme & d'un en bon point,
Qui de l'argent gagne sans fin,

Vous vous en divertirez bien
Et ferez heureux d'avoir une femme
Belle comme le jour,
Chacun luy fera la cour.   FIN.

❊❊❊❊❊❊❊❊❊❊❊❊❊❊❊❊❊❊❊

AUTRE.

NE parlons point de politique
Qu'importe à moi,
Qui gouverne la Republique
Lorsque je bois ;
A-t-on la Paix, a-t-on la Guerre,
Je n'en sçai rien,
Quand j'ai ma bouteille
Et mon verre,
Tout va fort bien.

   Que les Pelerins de Cythere
Le Carnaval
Passent la nuit dans la misere
Courant au Bal ;
Pour moi je reste ferme à table,
Et jour & nuit
Je bois, si le sommeil m'accable,
Je cours au lit.

   O vous qui aimez la débauche,
Venez chez moi,
L'on y boit à droite & à gauche
Tout à sa soif,
Et de Bachus suivons les traces
De point en point,

L'amour n'y prit jamais de place
Ni d'embonpoint.
   Dedans le vin l'amour se mêle
Inceſſamment,
Et ſans le vin pas une belle
N'auroit d'Amant;
Amis pour bien paſſer la vie
Joyeuſement,
Il faut avoir une Sylvie,
Boire ſouvent.   FIN.

✺✺✺✺✺✺✺ ✺✺✺✺✺✺✺

Chanſon ; Sur l'air : Prenez-moi pour Jardinier, ou bien, Le retour vaut mieux que Matinés, ou bien, Il faut chanter à cette fois, ou bien, C'
venez Hollandois ſans tarder d'avantage.

Quand je bois de ce bon vin,
  Ma raiſon s'en va grand train,
On le ſert aux Dieux
Moins delicieux,
Son feu monte à la tête,
Mais celui qui part de vos yeux,
C'eſt au cœur qu'il s'arrête,   L'on, la,
C'eſt au cœur qu'il s'arrête.
   Quand une bouteille à la fin
Ne me donne plus de vin,
Sans être leger
Je la puis changer,
Si-tôt qu'elle eſt legere,
Et l'on a pas à menager,
Comme on fait ſa Bergere,   L'on, la,
Comme on fait ſa Bergere.
   Quand on a paſſé quinze ans,

Il faut avoir des Amans,
On fait un effort
Pour garder ce port,
Qui couvre un cœur volage,
Mais quand l'ennemi est plus fort,
Ont lui livre passage,   L'on, la,
On lui livre passage.

   Tous les Bergers dans leurs amours
Ont toûjours quelques détours,
J'apperçû le mien dans un petit coin
Auprés d'une Bergere,
Il ne lui faisoit encor rien,
Mais il alloit lui faire,   L'on, la,
Mais il alloit lui faire.

   Le désespoir suit l'amour
Et l'Hôpital suit la cour
La rage un joüeur,
La faim un chasseur
La mort l'homme de guerre
La joye fait toujour le buveur
Qui n'aime que son verre,   L'on, la,
Qui n'aime que son verre.   FIN.

❈❈❈❈❈❈ ❈❈❈❈❈❈

AUTRE.

Dieu, que ma Maitresse est belle,
Quand elle a le verre en main,
Donne lui du vin,
Verse, verse, verse,
Donne lui du vin, verse tout plein.

   Je ne puis vivre sans elle,
Je languirois de chagrin,
Que ne m'est-elle fidelle,
Autant qu'elle aime le vin,
Donne lui du vin,
Verse, verse, verse,

Donne lui du vin, verse tout plein.
>   Puisque tu me trouve belle,
Lorsque j'ai le verre en main,
Donne moi du vin,
Verse, verse, verse,
Donne lui du vin, verse tout plein.
>   Je ne suis point infidelle,
Bachus en est le témoin,
Je ne suis point n'e cruelle,
Pour boire en aime-t-on moins,
Donne moi du vin,
Verse, verse, verse,
Donne moi du vin, verse tout plein.   FIN.

>   *Leçon à un vieillard*, Sur l'air, *mon cher Bachus*, ou bien, *de joconde*.

L'Amant doit être généreux
En faveur de sa belle,
Prevenant, soûmis, gratieux
Quand il est auprès d'elle.

>   *Le Vieillard.*

Je pratique cette leçon
Des que j'aime une fille,
Je rampe comme un limaçon,
Qui cherche sa Coquille.

>   ARLEQUIN.
>   Sur l'air, *reveillez-vous belle endormie.*

J'aime l'amour & la Cuisine,
Sur tout la sauce & les ragoûs
Fidel amour si je ne dîne,
Est-on bien regalez chez vous.   FIN.

Veu l'Approbation du sieur Passart permis d'imprimer ce 3. *Mai*, 1718.

>   DE MACHAULT,

CHANSON NOUVELLE,

Sur l'orgüeil des Filles : Air *nouveau.*

MAROTTE fait bien la fiere
Pour un petit bien qu'elle a,
Elle s'imagine la pauvre fille,
Que son petit bien
   La nourrira,
   La nourrira,
Marotte fait bien la fierre
Pour un petit bien qu'elle a.
 Profite si tu es sage,
Du printems de tes beaux jours,
Garde ton âge, qui nous engage,
Qui cause que l'on te fait
   L'amour,
   Te fait l'amour,
Profite si tu es sage,
Du printems de tes beaux jours.
 Fais ce que je te propose,
Ton teint est dans sa vertu,
Lorsqu'une rose est éclose,
Toutes les feüilles tombent,
   On n'en veut plus
   On n'en veut plus,
Fais ce que je te propose,
Ton teint est dans sa vertu.

O   A

Avec toute ta richesse
Prétends-tu languir toûjours ?
Une foiblesse, une tendresse
Perdra-t-elle bien ton amour,
  Et ton amour,
Avec toute ta richesse
Prétends-tu languir toûjours ?
 Ton fonds est de six cens livres,
Ce sont dix écus par an :
  Est-ce pour vivre ?
Et pour poursuivre ta rigueur
  Auprés d'un Amant,
  Auprés d'un Amant,
Ton fonds est de six cens livres,
Ce sont dix écus par an.
 Tigresse je t'abandonne,
Prends garde au fâcheux rétour ;
  Vîte à la tonne,
Que l'on me donne du vin
  Je veux noyer l'amour,
  Noyer l'amour :
Tigresse, je t'abandonne,
Prends garde au fâcheux retour.
 Marotte fut en menage
Dés l'âge de quatorze ans,
Son mariage,
Son heritage,
  S'en fût au vent,
  S'en fût au vent,

Marotte fut en ménage
Dés l'âge de quatorze ans.
FIN.

BELLE CHANSON,
Sur un air nouveau.

Viens, Aurore,   *bis.*
  Je t'implore,
Je renais quand je te vois,
La Bergere
Qui m'est chere,   *bis.*
Est vermeille comme toi.
  Elle est blonde
Sans seconde,   *bis.*
Elle a la taille & la main ;
Sa prunelle
Etincelle   *bis.*
Comme l'Astre du matin.
  D'Ambrosie,
Bien choisie,   *bis.*
Hebé la nourrie à part ;
Et sa bouche
Quand j'y touche   *bis.*
Me parfume de Nectar.
  Pour entendre
Sa voix tendre,   *bis.*
L'on deserte le Hameau ;

Et Tytire,
Qui soûpire,   *bis.*
Fait taire son chalumeau.
  De rosée
Arrosée,   *bis.*
La rose a moins de fraîcheur,
Et l'Hermine
Est moins fine,   *bis.*
Le lait a moins de blancheur.
  Quelle flamme,
Je me pâme,   *bis.*
Cher Tyrsis je suis en eau,
Finis vîte,
Et me quitte   *bis.*
Sans quoi je suis au tombeau.
  Pour te plaire
Je vais faire,   *bis.*
Ce que m'ordonne l'amour :
Ma tendresse,
Ne te laisse   *bis.*
Que pour un plus beau retour,
  Favorable,
Trop aimable,   *bis.*
Fidele & parfait **Amant**,
Sois tranquille
Je suis fille   *bis.*
A renaître dans l'instant.

FIN.

LES INSULAIRES.

Sur un air nouveau.

L'On diroit que la Mere d'Amour *bis.*
A dans cette isle etabli son sejour,
Les Jeux, les Ris, les chants, l'allegresse,
Y regnent la nuit & le jour,
Les ennuyeux, & les fâcheux
Sont pour jamais bannis de ces beaux lieux,
Tous ces plaisirs ne sont pas faits pour
      eux,
C'est à la plus brillante Jeunesse
Qu'est ouvert cet azile heureux.

    Commode Iris ; vous prêtés à l'a
      mour   *bis.*
Votre logis pour y tenir sa Cour,
Vous suffit-il d'être sa Prêtresse,
Soyez Victime à votre tour,
Ces rendez vous,
N'ont rien de doux,
Ils sont donnez pour d'autres que vous,
Chés vous l'on fait assaut de tendresse :
C'est bien peu de juger des coups.

FIN.

Chanson nouvelle : Sur l'Air, *Ton humeur est Catherene.*

JE n'aime que ma bouteille,
 Et l'aimerai constamment ;
Sa liqueur est sans pareille,
J'en peus boire à tout moment,
Elle calme mes allarmes,
Elle bannit mon chagrin,
Elle a pour moi mille charmes,
Quand elle est pleine de vin.

 Point d'amour, point de Sylvie,
Je ne m'attache qu'au vin,
L'Amour est une furie
Qui nous tourmente sans fin ;
Mais le jus de ma bouteille
N'a rien qui ne soit charmant,
Il m'enyvre, il me reveille,
Il me rend toûjours content.

 Mes amis, point de foiblesse,
Prenez tous le verre en main,
Vous verrez qu'une Maîtresse
N'a rien d'égal à ce Vin,
Il a ce qu'il faut pour plaire,
Il ne dégoûte jamais ;
Est-il aucune Bergere
Qui fasse voir tant d'attraits.

F I N.

Chanson nouvelle : Sur l'Air, *des Pelerins*
de Saint Jacques.

UN Pelerin qu'Amour amene
  Dedans ce Port,
Vient pour te demander, Climene,
  Un Passe-port :
C'est à ton cœur qu'il veut aller
  Dans ce voyage,
Apprens-lui, sans dissimuler,
  Tous les plus courts passages.
   ✳✳

Beau Pelerin qu'Amour amene
  Dedans ce lieu,
Afin que rien ne te retienne,
  Lis dans mes yeux,
Tu trouveras dans leur douceur,
  La route écrite,
Si tu veux aller à mon cœur,
  Aime, & voyage vîte.
   ✳✳

La route en est-elle frayée ?
  Quelque autre humain
Auroit-il, pour trouver l'entrée,
  Fait le chemin ?
N'y a-t'il point quelque détour,
  Dis-moi, Climene ?
Si guidé par le dieu d'amour,
  Ma course sera vaine.
   ✳✳ A iiij

La route n'en sçauroit paroître
  Quoiqu'un Amant
Ait voulu s'en rendre le maître,
  Mais vainement :
Et j'en ai même au dieu d'amour
  Fermé l'entrée,
C'est pour toi seul dans ce séjour
  Que je l'ai reservée.   FIN.

✶✶✶✶✶✶✶✶✶✶✶✶✶✶✶✶✶✶✶✶✶✶

Autre ; Sur l'air du premier Menuet
  des Fêtes de Thalie.

Non ce n'est pas un bien
 De braver l'amour & tous ses traits ;
Que servent les atraits,
Quand on n'aime rien ?
Croyez-moi, jeune Iris,
Que les Jeux & les Ris
Partagent vos beaux jours
Avec les plus tendres amours.
 Malgré tous vos mépris,
Je suis belle, Iris toûjours épris.
Rien ne peut de mon cœur
Eteindre l'ardeur,
Aprés tant de langueurs,
De soûpirs & de pleurs,
Ah ! cruelle si je meurs
N'en accusez que vos rigueurs.
 Un Berger plein d'esprit

L'autre jour me prit
Au fond du lit,
D'abord je fis un cri
Tant qu'il me surprit,
Mais il fut si gentil,
Si joli, si poli,
Que loin de l'en punir,
Je le priai d'y revenir.

 Qu'on me donne un present,
Je prête mon joli petit gentil,
Qu'on me donne un present
Je le reçois gayement,
Si le jeu semble bon,
Sur le tout sans façon
L'on peut en avoir l'agrement
A tout moment à tout moment.

 C'à mettons-nous en train
Dans ce jus divin jusqu'à demain,
Je veux boire à Catin
Tout raze & tout plein,
Doux espoir, heureux destin,
Si le vin dans mon sein
Endormit le chagrin
Qui me reveille si matin,

 Qu'on me rejoüis bien
Quand en prend mon joli petit
Qu'on me réjoüis bien
Quand on prend mon chien,
Tu peux t'en approcher

A v

Mon Berger sans danger,
S'il mord c'est en badinant,
Car mon Bichon n'a point de dent.

L'on peut bien s'applaudir
D'inspirer un penchant amoureux,
Mais il est plus heureux
De le ressentir ;
De l'aimable Psiché
Le cœur fut moins touché
D'avoir charmé l'Amour,
Que d'aimer à son tour.

Apprenez de Venus,
Dont les yeux sçauroient tout enflâmer,
Quel bien charme plus
De plaire ou d'aimer ;
Du dieu de la beauté
Son cœur fut moins flatté,
Que de sa tendre ardeur
Pour ce jeune Chasseur.

En voltigeant toûjours
Papillon leger dans tes amours,
En voltigeant toûjours
Tu perds tes beaux jours ;
Sur quelque jeune fleur,
Fixe ton tendre cœur,
Ton amour devenu
Constant deviendra connu.

A l'ombre d'un buisson
La jeune Alizon

Sur le gazon
De son petit mouton
Faisoit la toison,
Ah ! le joli cotton,
Qu'il est blond, qu'il est long,
Donnez-m'en lui dit-on,
Ou bien vendez-moi le mouton.
  Vîte à l'aimable Iris
Donnez, chers amis,
Un ou deux coups de ...
Vîte à l'aimable Iris
Deux coups de vin gris,
Ce jus delicieux,
Dans ces yeux
Pleins de feux,
Augmente nôtre ardeur
Et nous va laisser sans cœur.
  Qu'on me donne un écu,
Je prête mon joli gentil petit,
Qu'on me donne un écu
Je prête mon Luth ;
Si le jeu paroît bon,
Sur le ton sans façon,
L'on peut avec l'agrément
A toute heure, à tout moment.

FIN.

Autre : Sur l'air, *d'une Musette.*

A L'ombre d'un ormeau Lisette
Filoit du lin tranquillement,
Son Berger la voyant seulette
S'en vint lui dire tendrement
Brunette mes amours
Languirai-je toûjours.

Si quelquefois sur ma Musette,
Je me plains de ta cruauté,
C'est des plaintes qu'au vent je jette,
Tu ne m'as jamais écouté,
Brunette, &c.

Ce jour qu'on dansoit au Village
Je fus pour te donner la main,
Mais aussi-tôt sur ton visage
Je vis paroître un air chagrin,
Brunette, &c.

Un autre jour qu'il t'en souvienne
Je vins rapporter un Agneau
Qu'un loup dans la forêt prochaine
Enlevoit de ton cher troupeau,
Brunette, &c.

En vain je crus que ce service
Toucheroit ton barbare cœur,
Il me fut un nouveau supplice,
Tu n'en eus que plus de rigueur,

Brunette mes amours, &c.

Si pour te faire une caresse,
Tu vois même approcher mou chien
Tu le traite avec rudesse
Et le fais mordre par le tien,
Brunette, &c.

Quand seul dans nos bois je soûpire,
Sensible à mon cruel tourment,
Zephir à l'écho va le dire,
L'écho répond en soûpirant,
Brunette, &c.

Ce ruisseau dont l'eau vive & pure
Grossi des pleurs que je répands,
Te dit aussi par son murmure
Qu'il mêle à mes tristes accens,
Brunette, &c.

Le Berger de si bonne grace
Contoit son amoureux tourment,
Qu'un jeune cœur fût-il de glace,
Se fût rendu dans le moment,
Chacun doit à son tour
Un tribut à l'amour.

Aussi Lisette dans son ame
Sentit naître une vive ardeur,
L'amour avec un trait de flame
Venoit de lui percer le cœur,
Chacun doit à son tour
Un tribut à l'amour.

Lisette sentant sa deffaite,

Peut-être ne l'eût jamais dit,
Sans que la trop tendre Lisette
Fit un soûpir qui la trahit :
Chacun doit à son tour
Un tribut à l'amour.

Ils étoient seuls dans le boccage,
On ne sçai ce qui se passa,
Mais Tyrsis eût été trop sage
S'il en étoit demeuré-là ;
Chacun doit à son tout
Un tribut à l'amour.

Beautés dont la rigueur extrême
Reduit mille Amans aux abois,
Un jour vous aimerez de même,
L'amour ne perd jamais ses droits ;
Chacun doit à son tour
Un tribut à l'amour.

Quand un fois sous son empire
Ce petit Enfant nous soûmet,
On a beau cacher son martyre,
Un rien trahit nôtre secret :
Chacun doit a tour
Un tribut à l'amour.

Amans pour desarmer vos belles
Profitez de cette Leçon,
La plainte est utile auprès d'elles
Vous l'avez vû dans ma Chanson :
Chacun doit à son tour
Un tribut à l'amour. FIN.

CHANSON NOUVELLE.

PEtite inhumaine,
Soyez sensible à mes peines,
Sinon, je brise les chaînes,
Qui me lient à vous ;
Si vous m'êtes cruelle,
Vous m'êtes infidelle,
Ay-je tort la belle,
D'en être jaloux ?
　Depuis qu'à tous vos charmes
Mon cœur a rendu les armes,
Je vis toûjours en allarmes,
Et fort mécontent ;
J'ay nuit & jour à craindre,
Vous m'avez l'air de feindre :
Que je suis à plaindre
D'être si constant.
　Cet amour volage
Qui dans vos beaux yeux fait rage,
Sans que votre cœur s'engage,
Soit tout enflammé ;
C'est en vain que j'espere
De vous rendre sincere,
Vous voulez bien me plaire,
Mais non pas aimer.
　En reconnoissance,

Vous m'aimez en apparence,
Mais je scais ce que j'en pense,
Car je vous connois,
Mais l'amour est mon maître,
Il m'a trompé ce traître,
J'ay bien voulu l'être,
Car j'ay fait mon choix.
   Ha ! que j'enrage
De votre mariage,
Un Chevalier des Gardes,
Sera votre Epoux,
Iris, je suis sincére,
Vous le devez croire,
Mais de cette affaire,
J'en suis fort jaloux.
   Dedans mon voyage
J'ay entendu un langage
Qui dit mille fois j'enrage
De sçavoir aimer,
Iris, je suis trop tendre,
Pour m'en deffendre,
Ah je veux reprendre
Ce que j'ay donné.   FIN.

CHANSON NOUVELLE.

L'Autre jour ma jeune Bergere,
Se déclarant en ma faveur,
Me dit que j'avois sçû plaire,

Et que je possedois son cœur ;
Mais helas ! je ne sçais qu'en croire,
Ce doute agite mes esprits,
Car la belle venoit de boire,
Je crois que son cœur étoit gris.

Ses yeux étincelans de flâme,
Sembloient par des regards en feu
Chercher la route de mon ame,
Pour me confirmer son aveu,
Mais helas ! d'une humeur gaillarde,
Voulant me marquer ses desirs,
La belle poussa par mégarde
Des hoquets au lieu de soûpirs.

La honte de cette méprise,
Redoubla ses vives douleurs,
Puis je la vis avec sa reprise,
Pâlir & verser quelques pleurs ;
Mais, helas : ses fausses allarmes,
De son yvresse étoit l'éffet,
Car au fond ses trompeuses caresses,
N'étoient que du pur vin clairet.

Cependant voyant la Bergere
S'offenser de mon peu d'ardeur,
Pour calmer sa juste colére,
Je lui fis présent de mon cœur,
Mais, helas ! sa bouche vermeille,
Me rappella deux fois en vain,
D'où sortoit la vapeur du vin.

Tout sembloit dans cette avanture

M'offrir de faciles plaisirs,
Et me payer avec usure
De mes soins & de mes soûpirs:
Mais mon cœur jaloux de sa gloire,
Par un trop délicat mépris,
Ne voulut point d'une victoire,
Dont Bachus avoit tout le prix.

Ha! s'il est vrai que la bouteille
Fasse dire la verité,
Fais, Amour, que cette merveille
Ait à jeun la même bonté;
Blesse-la de tes propres armes,
Ce triomphe n'est dû qu'à toi,
Mais ne permets pas que ses charmes
Soient soûmis à d'autres qu'à moi.

FIN.

CHANSON NOUVELLE,

LE Carême a tué Mardi-gras, *bis.*
Ha! qu'il nous met dans de beaux draps,
O reguingué, ô lon lan la,
Nous n'avons dindon ni éclanche,
Carême avance, avance, avance.

La ruë de la Huchette est en deüil, *bis.*
Ses Rôtisseurs sont au cercueil,
O reguingué, ô lon lan la,

Et leurs boutiques en décadence,
Carême avance, avance, avance.

J'ai paſſé dans le Marché neuf, *bis*
Je n'ai trouvé mouton ni beuf,
O reguingué, ô lon lan la,
Mais des grenoüilles en abondance,
Carême avance, avance, avance.

Carême avec ton maigre dos, *bis*
Tes pois, tes féves & eſcargots,
O reguingué, ô lon lan la,
Sons bons pour nous crever la panſe,
Carême avance, avance, avance.

Les Chaircuitiers ſont bien chagrins, *bis*
Ils ne vendent que du vieux-oing,
O reguingué, ô lon lan la,
Ils n'ont ni andoüilles ni panſes,
Carême avance, avance, avance.

Les Gargotiers ſont tous benêts. *bis*
De voir rendoüiller les panets,
O reguingué, ô lon lan la,
Des lentilles & d'autres ſemences,
Carême avance, avance, avance.

Les Pâtiſſiers ſont tous dolens, *bis*
Avec leurs pâtés de harangs,
O reguingué, ô lon lan la,
Diſant vive, vive la viande,
La pâtiſſerie eſt plus friande.

Pour les vendeuſes de ſaumon, *bis*
Sont toutes dans leur bonne ſaiſon,

Ô reguingué, ô lon lan la,
On les voit rire dans les ruës,
En vendant leurs vieilles moruës. FIN.

CHANSON NOUVELLE,

& Dialogue d'un Gentilhomme & d'une Bergere : Sur l'air, Charmante Gabrielle.

O Rencontre agreable,
  Bergere, mon souci,
Sous cet ombrage aimable,
Que faites-vous icy ?
Je n'ay point d'autre affaire
  Qu'à prendre soin
Du troupeau de mon pere,
Qui n'est pas loin.

Peut-on belle Bergere,
S'asseoir auprés de vous,
Sur la verte fougere,
Sans vous mettre en couroux ?
Ah ! Monsieur prenez garde,
  Eloignez-vous,
Car le chien qui me garde
N'est pas trop doux.

Je crains peu de connoître
La fureur de ton chien,
Quelque fort qu'il puisse être,
Il ne vaut pas le mien :
Je crains, belle Bergere,
  Pour tout malheur,
La rigueur trop severe
  De votre cœur.

Et moi votre langage,
Me semble, quoique doux,
A craindre davantage,
Que la fureur des Loups,
Je cherche la retraite,
  Pour éviter
La douceur des fleurettes
  Qu'on vient conter.

Un oiseau qui soûpire
Dans ces bois nuit & jour,
Ne semble-t-il pas dire
Qu'il soûpire d'amour ?
Son tendre & doux ramage,
  Que j'entends bien,
Est le même langage
  Que je vous tiens.

La voix pour l'innocence
Peut avoir des appas,

Elle est sans conséquence,
La vôtre ne l'est pas,
Ces longs soûpirs m'enseignent
  A faire l'amour,
Et les vôtres contraignent
  D'aimer toûjours.
      FIN.

Autre : Sur l'air *précedent.*

A Dieu Ville charmante,
  Azile des amours,
De l'objet qui m'enchante
Conserve les beaux jours ;
Et toi soûpir fidele,
Vole aprés lui,
Combien mon cœur loing d'elle
Souffre d'ennui.
  Si mes plaintes amoureuses,
Au gré de mon desir,
D'Iris moins rigoureuse,
Arrache un seul soûpir ;
Toi qui doit me produire,
Amour vainqueur,
  Prend soin de le conduire
Jusqu'à mon cœur.
  Signalons nôtre gloire,
Bûvons de nôtre mieux,

A la santé de celle
Qui préside en ces lieux !
Bachus dans cette fête,
Mon protecteur,
Je te livre ma tête
Sauve mon cœur.
FIN.

CHANSON NOUVELLE

Allant boire chopine,
Rencontray l'autre jour
La petite Claudine,
Belle comme le jour ;
Je lui dis, mon aimable,
Quel plaisir de vous voir,
Je ne suis pas si diable
Que je suis noir.

  La Belle prit la fuite
Voyant mon vilain nez
Fait en pied de marmitte,
Et mon tein enfumé ;
Sa fierté redoutable
Bannit tout mon espoir,
Je ne suis pas si diable
Que je suis noir.

  La Belle je rapelle
En élevant la main,

Je courus aprés elle,
Et l'enlevai soudain :
A fléchir l'indomptable,
Je mis tout mon sçavoir,
Je ne suis pas si diable
Que je suis noir.

Je m'armai de courage
Voyant tant de beauté,
Et lui donnai pour gage
De ma fidelité,
Non, non, ce n'est pas fable,
Le bon jour, le bon soir,
Je ne suis pas si diable
Que je suis noir.

FIN.

Vû l'Approbation, permis ce 9. Octobre 1715.

M. R. DE VOYER D'ARGENSON.

CHANSON NOUVELLE,
Sur l'air ; *De Surenne, &c.*

TYrsis couché sur l'herbette,
Dans le fond de ce vallon,
En rêvant à sa Nannette
Un jour chantoit sur ce ton,
Non, non, il n'est point de si joli nom
que celui de ma Nannette,
Non, non, il n'est point de si joli nom
que celui de ma Nannon.

Je veux dessus ma musette
La chanter incessamment,
Je veux dessus ma houlette
La graver profondement.
Non, non, &c.

Elle est belle, elle est bien faite,
elle est droite comme un jonc,
Elle sent la violette,
Et plus douce qu'un mouton.
Non, non, &c.

Elle est d'une humeur follette,
Et chante comme un pinson,
Mais tout ce que je souhaitte
Est de celebrer son nom.
Non, non, &c.

Non, celui de Celimene
N'a point un si joli ton,
Il rime avec inhumaine,
N'a point un si joli son.
Non, non, &c.

Dans cette heureuse retraite,
Chantons, chantons le toûjours,
que l'écot charmé repete
Le beau nom de mes amours.
Non, non, &c.

Pour prix d'une ardeur parfaite,
Je demande pour ton bien,
Qu'un jour elle me permette
D'unir son chifre & le mien.
Non, non, &c.

Que l'Histoire & la Cazette
Celebre les grands renoms,
Les Bergers en amourrette
N'aiment que de petits noms.
Non, non, &c.   F I N.

CHANSON BACHIQUE
de Bacchus, Sur l'air ; *De*
Nannette, cy-devant.

Mes chers amis Bacchus gronde,
Et se fache avec raison
D'entendre à table à sa ronde,
Repeter cette chanson,
Non, non, il n'est point de si joli nom

que celui de ma Nannette,
Non, non, il n'est pas de si joli nom
Que celui de ma Nannon.

Quoi, dit-il, quand il faut boire
Enfans est-il de raison
De ne chanter que la gloire
De Nannette & de son nom,
Non, non, il n'est pas de si joli nom,
Que Champagne & que Tonnerre,
Non, non, il n'est pas de si joli nom,
Que Champagne & Bourguignon.

Le plaisant Momus pour plaire
Au puissant Dieu du bouchon,
Prend sa bouteille & son verre,
Et chante aussi sur ce ton,
Non, non, il n'est point de si joli nom,
que Champagne & que Tonnerre,
Non, non, il n'est point de si joli nom,
que Champagne & Bourguignon.

Quittons la tendre musette,
Les flûtes & les bassons,
Et laissons cette amusette
A Venus & ses mignons,
Non, non, il n'est point de si joli son,
que le tin tin tin des verres,
Non, non, il n'est point de si joli son,

A ij

que le glouglou du flaçon.

  Mettez donc vôtre allegresse,
Vôtre satisfaction,
Dans vôtre belle jeunesse,
A chanter dessus ce ton
Non, non, il n'est point de si joli son,
que le tin tin tin des verres.
Non, non, il n'est point de si joli son,
que le glouglou du flaçon.

    F I N.

DOCTEUR.

Sur l'air., *De la Foire reveillez-vous*

VA ton ignorance est profonde,
 Faudra-t-il toûjours te prêcher,
Que dans la Lune il est un monde,

Pierrot.

Je n'irai jamais le chercher.

 Vous êtes ne vous en déplaise,
Bête & Docteur estimé un oison,
Car la Lune n'est pas plus grande
Qu'une amelette d'un carteron.

Docteur.

Va ton raisonnement m'importune,

Il ne peut partir que d'un sot,
J'ai vû du monde dans la Lune,
Pierrot.
Vous avez l'air d'un escargot.
F I N.

CHANSON NOUVELLE,
Sur l'air ; *Tu n'est qu'un volage.*

Quand un cœur s'engage
Tout lui paroît beau,
Mais comme un Vaisseau
Il court au naufrage,
Ah ! que les amours,
Ont peu de beaux jours.

Rien n'est plus aimable
Qu'un tendre lien
Mais ne voit-on rien,
Qui soit moins durable
Ah ! que les amours, &c.

La vive jeunesse
Par ses feux ardens,
Même avant le tems,
Passe la vieillesse
Ah! que les amours, &c.

Quand on voit sur terre
Deux Amans heureux,

Tout s'arme contre-eux,
Tout leur fait la guerre,
Ah! que les amours, &c.

Courons à la treille
Laissons Cupidon,
Rien ne nous paroît bon,
Loin de la bouteille,
Car sans le bon vin
L'on est tout chagrin.

Quand un cœur soupire
Il est malheureux,
Mais pour vivre heureux,
Il faut boire & rire
Car sans le bon vin, &c.

L'on se sacrifie
Pour l'objet qu'on sert,
Mais quand on le perd,
Qu'est-ce que la vie?
Ah! que les amours, &c.

Aprés la constance
Viennent les langueurs,
Les craintes & les pleurs,
Les maux de l'absence,
Ah! que les amours,
Ont peu de beaux jours.   FIN.

Chanson Nouvelle, Sur l'air ; *Quand un cœur s'engage.*

Tout ce qui respire,
Se doit enflammer,
Laissons nous charmer,
Heureux qui soupire,
Ce sont les amours,
Qui font les beaux jours.

   La rose nouvelle,
Si chere aux Zephirs,
Sans de doux soupirs,
Paroîtroit moins belle,
Ce sont les amours, &c.

   Le printems s'écoule,
Avec nos attraits,
De tristes regrets,
Les suivent en foule,
Ce sont les amours, &c.

   Dans nôtre jeune âge,
Il est des desirs,
Il est des plaisirs,
D'un charmant usage,
Ce sont les amours, &c.

   Qu'est-ce que la vie,
Sans un doux lien,
Quand on n'aime rien,
Helas qu'on s'ennuie !
Ce sont nos amours, &c.

C'est ainsi qu'Annette,
Chante dans nos bois,
Frappé de sa voix,
L'Echo lui repete,
Ce sont les beaux jours, &c.

Quand la tourterelle,
Chante dans nos bois,
C'est qu'elle fait choix,
D'un Amant fidele,
Ce sont les amours, &c.

Accordons Lysandre,
Ton cœur & le mien,
Quand on s'aime bien,
Pourquoi se deffendre ?
Ce sont les amours, &c.

Sous le tendre empire,
Tu sçus me ranger,
Mais j'en suis vangé,
Car je t'ai fait dire,
Ce sont les amours, &c.

Iris je vous aime,
D'une tendre ardeur,
Pour payer mon cœur,
Aime moi de même,
Ce sont les amours, &c.

Dés qu'une Maîtresse,
Ecoute un moment,
Il faut qu'un Amant,
Repete sans-cesse,

Ce sont les amours,
Qui font les beaux jours, FIN.

Bergere nouvelle, Sur l'air; De quoi vous
plaignez-vous? &c.

Dieu te garde ma Cloris
Trés-agréable bergere,
Prés de ce verd Gazon,
Sçize auprés d'un buisson,
Dessus ces vertes bruyere
Je viens pour t'offrir mes vœux,
Reçois d'amour sincere
Mon amour en ces lieux.

 Monsieur, dedans ces champs
A l'ombre de ces bocages
Je garde mon troupeau,
Le long de ce ruisseau
Lorsqu'ils sont en paturage,
Ma quenoüille je vas fillant,
Entendant les ramages
De ces oyseaux charmans.

 Que de peines & tourmens
Tu endures sur l'herbette
A la pluye & au vent,
Vetuë si pauvrement
Si tu veux jolie brunette
Toi & moi seront heureux,
Laisse-là ta houlette
Abandonne ces lieux.

D'abandonner mon chien,
Mon troupeau & ma houlette,
Plûtôt perdre mon bien,
Non, je n'en ferai rien.
Je me ris de vos richesses,
Et de toutes vos grandeurs,
Gardez bien vos largesses,
Retirez-vous ailleurs.

Tout beau mon petit cœur,
Ne soyez pas si rebelle,
N'usez point de rigueur
Vers vôtre serviteur,
Acceptez dans ce bocage
Un seul baiser gratieux
Sur vôtre doux visage,
Qui me rend amoureux.

Sortez d'ici vieux fou,
Contez ailleurs vos frivolles,
J'ai mon Berger plus doux,
Que j'estime plus que vous;
Plus souvent sous ces feüillages,
Prenons nos plaisirs tous deux,
Sortez de ces bocages,
Et vous ferez bien mieux.

Adieu cœur de rocher,
Adieu donc bergere ingrate,
Puisqu'il vous faut quitter
Sans pouvoir vous toucher,
Ces rochers & ces fontaines,

Ces ruisseaux & ces Zephirs
Sont témoins de mes peines,
Non pas de mes plaisirs.   F I N.

Chanson nouvelle, Sur l'air ; *J'ai fait
une Maîtresse, &c.*

UN Boulanger de Gonesse
Un jour parlant a Catin,
Lui disoit, j'aime le vin,
Et Catin, quand je la caresse,
Me rend gay & me reveille,
Mes amours
En chauffant mon four.

Dit-moi, aimable brunette,
Si j'aurai tant de bonheur,
Tes yeux ont charmé mon cœur,
A ne pouvoir plus s'en deffendre,
Je te déclare, sans attendre
Mes amours
En chauffant mon four.

Si le four vous altere,
Prenez donc le verre en main,
Et trinquez jusqu'à demain,
Vuidant toûjours la bouteille,
Et nous parlerons demain
De nos amours
En chauffant mon four.

Pour te témoigner ma belle
L'amitié que j'ai pour toi,

Je te jure sur ma foi,
Que je te serai fidelle,
Et reçois avec zele
Mes amours
En chauffant mon four.

   Je ne suis pas si follette
D'écouter tous vos discours,
J'en ai vû d'autres que vous,
Qui vouloient m'en faire accroire,
Et qui n'ont plus gagné,
Ainsi que vous,
En chauffant leurs fours.

   Ah! ne me sois point rebelle,
Fais-moi un peu les yeux doux,
Mon cœur est porté pour vous,
Nous nous marirons ensemble,
Et finirons, si bon vous semble,
Tous nos jours,
En chauffant mon four.

   Ces paroles sont inutiles,
Je vous prie, n'en parlez plus,
Tous vos discours c'est abus,
Hors du monde je veux vivre,
Je vais dans un Convent de filles,
Finir mes jours,
Va chauffer ton four.   F I N.

Vû l'Approbation permis d'imprimer ce 22. Août 1714.   M. R.

CHANSON,

Sur un Air de Cour nouveau.

PRends mon Iris, prends ton verre,
Bûvons tous deux à longs traits,
Rends ma bouteille legere
Et ne la deviens jamais ;
L'Amour qui nous verra faire
Entrera dans ce myſtere,
Pour avoir ſon tour après :
Prends mon Iris, &c.

 Lorſque j'ay voulu vous plaire,
Philis, j'ay perdu mes pas,
Je n'ay jamais pû le faire,
Je ne m'en pendray pas :
Grace aux Dieux, la Ville eſt bonne,
On ne doit forcer perſonne,
D'autres ont aſſez d'appas :
Lorſque, &c.

 Mocquons-nous de la Fortune,
Suivons l'Amour & le Vin,
Entre la Blonde & la Brune
Partageons nôtre deſtin ;
Mettons toute nôtre gloire
A remporter la victoire
Sur un jeune cœur mutin ;
Mocquons-nous, &c.

q

C'est en vain que tu soûpire
Pour un insensible cœur,
Ami, crois-moi, cherche à rire
Et dissipe ta langueur,
Toûjours gay comme un Satyre,
Cher Bachus je ne respire
Que ton aimable liqueur,
C'est en vain, &c.

Voulez-vous, jeune Bergere,
Faire ici sans compliment,
Ce qu'on coûtume de faire
Les Bergeres d'apresent ;
Ne soyez point si severe,
Car telle qui fait la fiere,
Le lendemain s'en repent :
Voulez-vous, &c.

Quand on est dans le bel âge,
Pourquoi n'en profiter pas ?
La tendresse vous engage
Et n'est jamais sans combat :
Heureux, si pour cette affaire
Je puis avoir l'art de plaire,
Quelle gloire n'aurai-je pas ?
Quand, &c.

Pour la charmante Nannette
Je soûpire nuit & jour,
Mais, hélas ! cette follette
Rit toûjours de mon amour ;
Si je la trouvois seullette
Quelque jour dessus l'herbette,

Je pourrois lui joüer d'un tour :
Pour la, &c.

 Heureux auprés de Silvie,
Je passe dans ces Hameaux
Les plus beaux jours de ma vie
A l'ombre de ces ormeaux ;
Souvent l'aimable folie
De cette Nymphe jolie
Me soulage de mes maux :
Heureux, &c.

 Oüi, je t'aime, l'Amour même
N'aime pas plus tendrement,
Ma tendresse croît sans cesse,
Prend pitié de mon tourment ;
Si le beau feu qui m'enflâme
Pouvoit passer dans ton ame,
Mon bonheur seroit charmant ;
Oüi, je t'aime, &c.

 Qu'elle est belle, la cruelle,
Qui m'a soûmis pour jamais,
Que de graces ! elle efface
Les plus aimables attraits ;
Que ses yeux ont de puissance ;
C'est par eux que l'Amour lance
Ses plus redoutables traits :
Qu'elle est belle, &c.

 Cher ami, que l'amour presse,
Prens de ce jus tout divin,
Sans craindre que ta tendresse
S'affoiblisse pour le vin :

A ij

Un Amant qui boit sans cesse
N'ôte à sa delicatesse
Que l'inutile chagrin ;
Cher ami, que l'amour presse, &c.

   Lorsque pour une cruelle
Vous soûpirez chaque jour,
Soyez sincere & fidele,
Il faut qu'elle aime à son tour ;
La raison ne sert de gueres,
La vertu la plus austere,
Sert de triomphe à l'amour :
Lorsque, &c.

   Ma Bergere, moins severe,
Soûpire enfin à son tour,
Ma Bergere moins severe
A pris enfin de l'amour,
Pour desarmer cette fiére
J'ai sçu plaider mon affaire,
Esperant d'elle un retour :
Ma Bergere, &c.

   Arrête, Tyrsis, arrête,
Ménage un peu ma pudeur,
Tu joüis de ma Conqueste,
Contente toi de mon cœur :
Mais ma resistance est vaine,
Tu me mets tout hors d'haleine,
Enfin te voilà vainqueur :
Arrête, &c.

   Prens, mon Iris, prens courage
Dans les amoureux plaisirs,

La tendresse nous engage
A contenter nos desirs :
En amour c'est être sage,
De mettre tout en usage
Pour éviter les soûpirs :
Prens, &c.

 Dieu Bachus viens me deffendre,
Par ta divine liqueur,
L'amour voudroit me surprendre,
Il est déja dans mon cœur,
Il vient avec ses charmes,
Il prend ses plus fortes armes,
d'Iris il fait mon vainqueur :
Dieu Bachus, &c.

 Quand j'ai du vin dans mon verre,
Ma Philis auprés de moi,
Je me sens l'ame aussi fiére,
Et suis plus content qu'un Roi ;
Qu'on fasse par tout la guerre,
Je n'ai en moi nul affaire,
Iris, je chante & je bois,
Quand, &c.   FIN.

✳✳✳✳✳✳✳✳✳✳✳✳✳✳✳✳✳✳✳✳✳✳✳✳

Autre sur le même air.

Quitte le jus de la treille,
 Me dit Venus l'autre jour,
Les plaisirs de la bouteille,
Valent-ils ceux de l'Amour :
Mais à qui prêter l'oreille,

Bachus me promet merveille,
Et me repette à son tour :
Chéris le jus de la treille.
Me dis Bachus l'autre jour,
Les plaisirs de la bouteille
Valent bien ceux de l'Amour.
   Que c'étoit un doux spectacle
Que cet antique festin,
Que le celebre miracle
De l'eau transformée en vin :
Ah ! Manon, si ce negoce
Pouvoit se faire à ma nôce,
Je t'épouserois demain ;
Mais, helas, le mariage
Aujourd'hui n'est plus si beau,
Dés que l'on est en ménage
Le vin prend le goût de l'eau.   FIN.

✳✳✳✳✳✳✳✳✳✳✳✳✳✳✳✳✳✳✳✳✳✳✳✳✳

Autre sur le même air.

UN Amant de contre-bande
   Se vient mettre à vos genoux,
S'il obtient ce qu'il demande,
Son sort fera cent jaloux ;
C'est l'amour qui vous l'amene,
Soulagez un peu sa peine,
Nuit & jour il pense à vous :
Un Amant, &c.
   Oüi, Climene, je vous aime,
J'en jurerai par les Dieux,

Mais du feu que tu m'inspire
Toi-même en répondra mieux ;
De ma foi, de ma constance,
Te faut-il d'autre assûrance
Que l'éclat de tes beaux yeux :
Oui, &c.

FIN.

CHANSON NOUVELLE,
Sur un air nouveau.

Dans le bel âge
Tout est fait pour aimer ;
C'est être sage
De se laisser charmer ;
Profitez jeune Iris
Du plus beau de vos jours ;
Faites-en bon usage,
Car on n'est pas toûjours
Dans le bel âge.

 Quand on soûpire
Pour vos charmans apas ;
A quel martyre
Ne s'expose-t-on pas ;
Vous méprisez, Iris,
Le charme de l'amour,
Vous n'en faite que rire ;
Et l'on veut du retour.
Quand on soûpire.

Un cœur fidele
A de charmans appas,
Et qu'une belle
En devroit faire cas;
Cependant, jeune Iris,
Vous méprisez mes vœux;
J'éprouve enfin, cruelle,
Que rien n'est moins heureux
Qu'un cœur fidele.
 Cet infidele
Que je regrette tant,
De belle en belle
Va conter son tourment;
Je voudrois l'oublier,
Puisqu'il ma sçû trahir,
Mais mon cœur le rappelle,
Je ne sçaurois haïr
Cet infidele.
 Que ton absence
Me cause de douleur,
Et ton silence
Me fait verser de pleurs;
Viens, mon cher Tyrsis,
Prens pitié de mon sort,
Viens finir ma souffrance,
Je crains bien moins la mort,
Que ton absence.
 Sans l'esperance
Qui séduit les Amans,
La moindre absence

Finiroit les tourmens;
L'on ne languiroit point
Dans les soûpirs d'amour,
La plus forte inconstance
Ne dureroit qu'un jour,
Sans l'esperance.

  Jeune charmante,
Rien n'échappe à vos coups,
Vôtre air enchante,
Vous avez les yeux doux;
Mais tous ces agrémens
Deviennent superflus,
Dans une indifference,
Ce tems ne viendra plus,
Jeune charmante.

  Un cœur fidele,
Dont je vous fait present,
Pourquoi, la belle,
Le méprisez vous tant;
Lassé de vos rigueurs,
Il peut se décharger,
Songez-y bien cruelle,
On doit mieux ménager
Un cœur fidele.

FIN.

Chanson nouvelle, sur un air nouveau.

DIALOGUE.

Le Berger.

Vois-tu nos agneaux, Lisette,
S'en aller sur ces gazons,
Quitte, quitte ta houlette,
Partons comme nos moutons.

La Bergere.

Nos moutons sont raisonnables,
Et nous ne le sommes pas,
Laisse, laisse-moi volage,
De l'amour ne parlons pas.

Le Berger.

Pour moi je viens du village,
Pour te chercher, ma Cloris,
Par tout dedans ce bocage,
Ton cœur n'a que du mépris.

La Bergere.

Un Berger sur la fougere,
Doit chaque moment souffrir,
Et quitter là la Bergere,
Qui n'a pour lui nul desir.

Le Berger.

Si c'est ta derniere envie,
Redis-le presentement,
Je perdrois plûtôt la vie
Si je n'en étois content.

Le Berger & la Bergere.

La sagesse est le partage
Que nous voulons embrasser,
La vûë d'un charmant bocage,
Doit tout seul nous occuper.

FIN.

Menuet nouveau.

JE vous ai toûjours aimé, ma Climene,
Vous le sçavez il y a très-long-tems,
Vous me faites bien souffrir inhumaine,
Et mon amour y est toûjours constant :
Helas ! cruelle, admirez ma langueur,
Aimable objet, que tu presse mon cœur,
Ah ! je me meurs,
Si tu ne viens répondre à mon ardeur.

Mon cher Tyrsis, tu sçais trop que je t'aime,
Je l'ai juré plus de mille fois ;
Je brûle pour toi d'un amour extrême,
Et tu en aime un autre que moi :
Mais puisqu'enfin tu finis mon tourment,
En me jurant,
Qu'on répond aux échos d'alentour,
Que ton amour,
Ne finira jamais qu'avec tes jours.

Si vous voulez rassurer vos conquêtes,
Ne changez pas mille fois tous les jours ;
L'on ne sçauroit avoir pour des coquettes
Des véritables sentimens d'amour.
Soyez fidelle malgré ses jaloux,
Ah ! qu'il est doux,
De s'assurer un repos plein d'apas ;
Entre les bras
D'un Amant qui ne vous manquera pas.

FIN.

Vû l'Approbation, permis ce 22 Août 1714.

M. R. DE VOYER D'ARGENSON.

CHANSON NOUVELLE.

Sur l'air : *Cherchez-le*, &c.

AH ! que le temps estoit bon
Quand on cueilloit à Cythere
La rose avec le bouton :
Dans ces beaux jours Cupidon
N'avoit point de fleur amere ;
A present tour lour lour,
Tour lon tontine,
Il n'est point au Jardin d'amour
De roses sans épine.

Dans un plus fameux cadeau,
Riche brûlant qui soûpire
De manger du fruit nouveau,
Souvent n'a point le noyeau
De la pêche qu'il desire ;
A present tour lour lour,
Tour lon tontine,
Il n'est point au Jardin d'amour
De roses sans épine.

Par un sifflet turbulent
Ne nous livrez point la guerre,

Donez-nous vôtre agrément ;
Messieurs, venez-y souvent
Arroser ce beau parterre,
Arroser tour lour lour,
Tour lon tontine ;
Apportez-nous tous les jours
Des roses sans épine.

Je plains en vain mon Berger,
Ses fruits & ses fleurs naissantes,
Y peut-on toûjours songer ?
Un Jardinier étranger
Vient greffer nos jeunes plantes ;
A present tour lour lour,
Tour lon tontine,
Il n'est point au jardin d'amour
De roses sans épine.

L'autre jour dans un verger
La jeune Isabeau que j'aime,
A Lucas fit un collier,
Et le fit bien promener,
Pour gaillardement danser
Avec lui tour lour lour,
Tour lon tontine ;
Il n'est point au jardin d'amour
De roses sans épine.

F I N.

Chanson nouvelle du Siege de Landau.
Sur l'air, *Tes beaux yeux, ma Nicole.*

Monsieur le Prince Eugene
Ne vous souvient-il pas,
Qu'au jour de Matchienne
Vous dansiez les cinq pas ?
Mais d'un bon trop alerte
Vous voyez vos remparts,
Et dessus vôtre tête
Les bombes de Villars.

Vous avez l'avantage,
Prince Eugene, en un mot,
D'admirer bien l'ouvrage
Des François à Landau ;
Ils ouvrent la tranchée,
La battent vivement ;
Après tant de pompée,
Vous perdrez vôtre temps.

Archiduc d'Allemagne
Je vous plains déformais,
Si dans cette Campagne
Vous ne faites la Paix ;
Vous allez voir les Troupes
Du Grand LOUIS DE BOURBON,
Mettre tout en déroute
Dedans tous vos Cantons.

Que voulez-vous prétendre
Contre ce grand Vainqueur ?

A ij

D'un second Alexandre,
Evitez la rigueur ;
Il vous fera connoître
La valeur de son bras,
Et vous pourrez bien être
Vous seul dans l'embaras.

 Abbaissez vôtre audace,
Faites réfléxion,
Que c'est une terrasse
Contre deux bastions ;
Fortement l'on travaille
Aprés vous pour certain,
A Madrid & Versailles,
Archiduc gare la fin. F I N.

Chanson. Sur l'air, *Vuidons la Bouteille.*

UN cœur vif & tendre
 Séduit par l'amour,
Voulant s'en défendre,
Disoit l'autre jour :
Regnez, ez, ez, ez, sur mon ame,
Puissant Dieu du vin,
Noyez, ez, ez, ez, une flâme
Qui brûle mon sein.

 Long-temps l'on respire
Bachus sous vos loix,
Le temps des Empires
Vous met aux abois ;
Regnez, &c.

Aimer úné Belle
Auſſi tendrement,
Bien-tôt la cruelle
Changera d'Amant;
Regnez, &c.
 Un rouge breuvage
Nourrit les Bûveurs,
Et rien ne ſoulage
Les tendres langueurs;
Regnez, &c.
 L'on voit à l'ombrage
Les Bûveurs chanter,
Et ſur le rivage
Les Amans pleurer;
Regnez, &c.
 Un Bûveur à table
S'endort aiſément,
L'Amant miſerable
Veille inceſſamment;
Regnez, &c.
 Une jeune Fille
Agée de quinze ans
Nous met à couvert,
De nos plus beaux ans;
Regnez, &c.
 Verſez, Camarades,
J'ai de quoi payer,
Bûvons à raſade
Tous à nôtre ſanté;

Regnez, &c.
   Moy qui suis fillette
Encline à l'amour,
Et quoique jeunette,
J'aimerai toûjours ;
Regnez, &c.   F I N.

Chanson. Sur l'air, *Pourquoi vous plaignez-vous ? &c.*

HO ma foi pour le coup,
C'est trop faire la severe !
Ho ma foi pour le coup,
Ma constance est à bout !
Quoi ! toûjours être rebelle,
Quoi ! toûjours être en couroux ;
Si j'aime encor, la Belle,
Qu'on me torde le cou.
   Non je ne t'aime plus,
Ton humeur est farouche ;
Non je ne t'aime plus,
J'en reconnois l'abus ;
Il faudroit être une souche
Pour supporter tes refus ;
On ne prend point des mouches
Avecque du verjus.
   Par sembleu que me sert
D'avoir pour toi l'ame tendre,
Par sembleu que me sert
Le mal que j'ai souffert ;

Ton cœur gelé à pierre fendre,
Tu fut pétri par l'Hyver ;
Il n'en faut rien attendre,
Que du fruit toûjours verd.
   J'aime facilement
Quand on me fait bonne mine,
J'aime facilement,
Et j'aime constamment ;
Mais dès qu'on fait la beguine,
Ou la Reine des Romans,
Au Diable l'Heroïne,
Je ne suis plus Amant.
   Va conserves ton froid
Pour un visage en jaunisse,
Va conserves ton froid
Pour un Jean tout-à-fait ;
Je veux dans la tendre lisse,
Qu'on s'échauffe comme moy,
Sinon le pied me glisse,
Je porte ailleurs ma foy.
   Fasse l'Amant tranci
Qui voudra près d'une Belle,
Fasse l'Amant tranci
Qui cherche du souci ;
Pour moy comme les Gensdarmes
Ennemis des longs soûpirs,
Je ne verse des larmes
Qu'à force de plaisir.
   Oüi, corbleu, j'en suis las,

A iiij

Mon cœur est sur la litiere;
Oüi, corbleu, je suis las
De pousser des helas;
Mon humeur est cavaliere,
Je déteste l'embaras;
Si tu fais tant la fiere,
Nargue de tes appas.

 Je sçai que tes attraits
Peuvent charmer tout le monde,
Je sçai que tes attraits
Passent les plus parfaits;
Mais pour un baiser tu gronde,
Un rien te fâche à l'excès,
Je veux bien qu'on me tonde
Si j'y reviens jamais.

 Faire le Godenot
En pleurant près d'une Belle,
Faire le Godenot,
C'est l'usage d'un sot;
Qui veut posseder mon ame
Doit d'abord me prendre au môt,
Sinon toute ma flâme
N'est qu'un feu de fagot.

 Ainsi vois si tu veux
M'armer à ce prix, Bergere,
Ainsi vois si tu veux
Dans peu me rendre heureux;
En ce cas d'un cœur sincere
J'encherirai sur tes feux,

Sinon va t'en l'enlaire,
Je te faits mes adieux.   FIN.

Chanson Nouvelle. Sur l'air, *De l'Agiot.*

LEs engagemens de nos jours   *bis*
Ne se font plus par les amours ;
Un nouveau sur terre réside
Qui fait préferer le magot,
Un tendre Amant que l'amour guide
   C'est l'Agiot.

 Que l'on voit de ces fortunez   *bis*
A plein ventre déboutonné,
Suivis de la Blonde & la Brune,
Gens qu'un chacun nomme Pierrot ;
Qui les a mis dans la fortune ?
   C'est l'Agiot.

 Que de magnifiques habits,   *bis*
Que de perles & que de rubis ;
Venus ne fut pas mieux ornée ;
Philis j'entens à demi mot,
Quelqu'un supplée à l'Hymenée
   C'est l'Agiot.

 Beautez pour avoir de l'argent   *bis*
L'Amour est un mauvais Agent ;
Volez, pillez, faites l'excompte,
Vous en aurez tout aussi-tôt ;
Car la fortune la plus prompte
   C'est l'Agiot.

 Nous ne beuvons que du verjus,   *bis*

Le temps a détrôné Bachus ;
Les Beuveurs sont dans la souffrance,
Ils cassent les verres & les pots ;
Qui leur cause cette influence
     C'est l'Agiot.   F I N.

CHANSON BACHIQUE.

Sur un Air nouveau.

J'Entens déja le Compere Gregoire
  Au Cabaret rire & chanter,
Pour éviter l'oisiveté,
Avec lui entrons-y pour boire ;
Verse, verse, verse du vin & souvent,
Point de chagrin vivons contens.

  Pour dissiper l'humeur chagrine
Nous venons souvent dans ces lieux,
En imitans nos Peres vieux
Nous vuidons les pintes & chopines ;
Verse, verse, verse du vin & souvent, &c.

  De nos voix faisons un mélange,
Et boit donc Compere René,
Toûjours ton verre plein est posé ;
Ah ! tu prêches sur la vendange ;
Verse, verse, verse du vin & souvent, &c.

  Nous sommes heureux dans la France
D'avoir ce jus à bon marché,
En Hollande cher est payé,
Nous en avons en abondance ;

Verse, verse, verse du vin & souvent, &c.
 Quand je tiens ma bouteille pleine
S'écrie Blaise en s'éveillant,
Je me ris de l'injure du temps,
De la voir vuide c'est ma peine;
Verse, verse, verse du vin & souvent, &c.
 Fatal Amour sous ton empire
Que l'on souffre cruellement,
Je l'éprouve trop à present,
Iris se rit de mon martyre,
Verse, verse, verse du vin & souvent, &c.
 Ah! si de moy je la vois rire
Je m'en vengerai promptement;
Me mocquant de ses agrémens,
Le verre en main n'aurai qu'à dire,
Verse, verse, verse du vin & souvent, &c.
 D'être amoureux c'est un martyre,
L'on n'a jamais le cœur joyeux;
D'être beuveur vaut beaucoup mieux,
L'on ne songe jamais qu'à dire,
Verse, verse, verse du vin & souvent, &c.
 Un Amoureux & un Yvrogne
Sont bien de differente humeur,
L'un des deux est toûjours resveur,
L'autre en chantant toûjours entonne,
Verse, verse, verse du vin & souvent,
Point de chagrin vivons contens.

F I N.

300 *Autre.* Sur l'air : *Jeanneton*, &c.

Cotillon, vole, vole, vole,
Mon amour bannit ma raison;
Profites-en, mon aimable fripon,
De toi je suis folle;
Viens sur ce gazon
Avec ta Nannon,
Jouë ce doux Rôle,
Cotillon, &c.

Je le leve à discretion,
La doublure en est drôle;
Juges-en, dis-moi sans façon,
Celui de Nicole est-il plus mignon?
Cotillon, &c.

De Maman j'en ai la leçon,
Cithere est mon école;
La sagesse est une chanson,
Faut-il qu'on s'immole
Au qu'en dira-t-on;
Cotillon, &c.

FIN.

PERMISSION.

VEu l'Approbation du Sieur Passau, permis d'imprimer, ce vingt-ne Juin mil sept cens quatorze. M. R.

CHANSON NOUVELLE,

Sur l'air *du Menuet Anglois*, ou *Ah! mon cher amant que vous êtes beau.*

PRofitez des jours
De votre Printems,
Riante jeunesse,
Leur aimable cours
Est fait pour les tendres
Amours,
Poussez des soûpirs,
Formez des desirs,
Et que les plaisirs
Soient le prix de vos feux,
Quand l'amour vous blesse,
Mettez à profit
L'heureux tems qui fuit,
Le Soleil qui luit,
Touche de bien près à la nuit.

Si ma tendre ardeur
Penetre ton cœur,
Aimable Silvie,
Ah! quelle rigueur
De s'opposer à mon bonheur,
Tu vois d'un amant

Fidèle & constant
Les soins, les tourmens
Cruelle n'en seras tu
Jamais attendrie,
Si tant de transports
Sont un vain effort,
Qu'amour ou la mort
Mettent fin à mon triste sort.

Enfin je me rends
Aux preſſans transports
De ta vive flame,
Ce que je reſſens,
Me ſaiſit l'eſprit & les ſens
De mon foible cœur,
Tu te rends vainqueur,
Et ſi ton bonheur
Dépend en ce moment
Du trouble de mon ame,
Ma rigueur, helas !
Met les armes bas,
Je tends les bras,
Tyrſis, prens...

Livrez des combats,
Ne perdez jamais
La douce eſperance,

Et ne plaignez pas
Vos soins, vos soûpirs,
Et vos pas,
Un cœur à la fin
Que l'amour atteint
D'ingrat, d'inhumain
S'amolit par le feu
De la perseverance,
Tôt ou tard l'amant
Fidele & constant
Trouve le moment,
Où la plus fûre se rend.

   Laissons les soûpirs
Au fidel amant
Que l'amour obsede,
N'ayons de desirs
Que pour les bachiques plaisirs,
Mais Dieu quel ferment !
Je vois dans l'instant
Un œil seduisant,
Qui me gagne le cœur;
Bacchus à mon aide,
C'a vîte tout plein
De ce jus divin,
Contre ce venin
C'est le remede souverain.

Dedans ce festin
Bacchus à l'amour
Cede la victoire,
Votre œil assassin
A plus de pouvoir
Que le meilleur vin,
Vous voyant helas !
Le Dieu des repas
Met les armes bas,
Et ne nous porte plus
Que mollement à boire,
L'étonnant retour
Lui-même à son retour
Se trouve en ce jour,
Moins yvre de vin que d'amour.

Chanson, Sur l'air : *Vous m'entendez bien*.

Muses, pour celebrer mes maux,
Inspirez moi des sons nouveaux,
J'ay beau monter ma lyre, hé bien,
Elle veut toûjours dire
Vous m'entendez bien.

Elle veut dire sur ce ton
Ce que je sens pour ma Manon,

Et ce qu'un cœur fidele, hé bien,
Exige de sa belle,
Vous m'entendez bien.

Il exige un peu de retour
Pour un aussi parfait amour;
Mais helas la farouche, hé bien,
Ne veut pas qu'on lui touche,
Vous m'entendez bien.

Ce que je voudrois lui toucher,
C'est son cœur plus dur qu'un rocher,
Et sans trop me permettre, hé bien,
Je voudrois bien lui mettre,
Vous m'entendez bien.

Je voudrois mettre dans son cœur
Une constante & vive ardeur,
Amour, dis-lui de grace, hé bien,
Que tu veux qu'elle fasse,
Vous m'entendez bien.

Qu'elle fasse à ma passion
Une plus forte attention,
Un amant tendre & sage, hé bien,
Sçait comment on ménage,
Vous m'entendez bien.

Ce prétendu ménagement
Est l'ame d'un engagement,
Il consiste à se taire ? hé bien,
C'est le moyen de faire,
Vous m'entendez bien.

De faire durer plus long-tems
Le bonheur de deux cœurs constans
L'indiscret l'empoisonne, hé bien,
Lorsqu'il dit qu'on lui donne,
Vous m'entendez bien.

Qu'on lui donne lieu d'esperer
Pour lui qu'on pourra soûpirer,
Mais venons à la chose, hé bien,
Belle je vous propose,
Vous m'entendez bien.

Je vous propose en ce moment
De me recevoir pour amant,
Cessez de vous défendre, hé bien,
C'est trop me faire attendre,
Vous m'entendez bien.

Me faire attendre d'un beau feu
Ce doux & favorable aveu,
Car enfin qui s'engage, hé bien,

Prétend que l'on partage,
Vous m'entendez bien.

Que l'on partage de ses soins
L'ardeur & les tendres besoins,
Mais taisez vous, ma muse, hé bien,
Je vois qu'on vous refuse,
Vous m'entendez bien.

C'est à vous charmante Manon,
Que j'adresse cette chanson,
J'enveloppe ma rime, hé bien,
Mais sans que je m'exprime,
Vous m'entendez bien.

Mes yeux cachent à mon amant,
Ce que je sens en ce moment,
S'il vient à le connoître, hé bien,
Comment s'empêcher d'être,
Vous m'entendez bien.　　FIN.

Autre Chanson nouvelle, Sur l'air : *De mon Lan la Landerirette*, &c.

L'Autre jour dedans la plaine
Je vis le Berger Tyrsis,
Qui vint à perte d'haleine
Me raconter les soucis

De son Lanla, Landerirette,
De son Lanla, Landerira.

   Pour l'engager à se rendre,
J'ai donc fait de vains efforts,
Ses refus doivent m'apprendre
A moderer les transports
De mon Lanla, Landerirette,
De mon Lanla, Landerira.

   Accorde-moi dans ton cœur
Une place seulement,
Puisque ta vertu farouche,
Refuse un soulagement
A mon lanla, landerirette,
A mon lanla, landerira.

   Je bornerai mon envie,
Tu ne dois pas t'effrayer,
J'attendrai, belle Silvie,
Qu'il te plaise d'essayer
De mon lanla, landerirette,
De mon lanla, landerira.

   Berger, je sens ma foiblesse,
Je vois bien qu'il faut t'aimer,
Mais ne crois pas ma tendresse

Susceptible de ceder
A ton lanla, landerirette,
A ton lanla, landerira.

Je conduirai le mystere
Sans aucun danger pour vous;
Je sçai tout ce qu'il faut faire,
En aimant que craignez vous,
De mon lanla, landerirette,
De mon lanla, landerira.

Il faut bannir toute crainte;
Je veux nommer mon vainqueur,
Je lui jure que sans feinte
Je veux contenter l'ardeur
De son lanla, landerirette,
De son lanla, landerira.

Entretien de deux voisins sur le Tabac;
Sur l'air: Du haut en bas, &c.

SAns le Tabac,
Helas que nous faudroit-il faire,
Sans le Tabac,
Pour moi il n'y a rien d'égal,
Je passe le tems sans rien faire;
Ne songeant qu'à ma Tabatiere,

A v

Et mon Tabac.

Réponse : Sur l'air : A la façon de Barbary mon ami.

Ah, la plaisante invention
D'avoir mis en usage,
De voir les filles & garçons
Prendre pour leur partage
Une Tabatiere sans raison,
La faridondaine la faridondon,
Et qui fait perdre leur esprit Beliby,
A la façon de Barbary mon ami.

Quelle vertu ?
D'avoir trouvé ce bel usage,
Quelle vertu ?
Pour être par tout bien venu,
Il faut avoir la Tabatiere
En main de toutes les manieres,
Quelle vertu ?

Pour moi je ne suis point d'avis
De me mettre à la mode,
Je crains de me gâter le tein
De ces poudres incommodes,
Qui vous barboüillent jusqu'au front,
La faridondaine la faridondon,
Et épargnent bien vos habits Beliby,

Ont réüni leurs armes;
Non, rien n'est si doux
Que d'éprouver leurs coups.

 Sous vos loix
Je m'engage sans peine;
Je chéris le poids
Dont vous accablez qui vous aime,
Gracieux minois,
De l'amour vous feriez la conquête,
S'il vouloit se mettre de la fête,
Il viendroit exprés des Cieux
Pour vos beaux yeux :
Mais ce dieu
Pour le vanger m'arrête,
M'expose à vos coups,
Il faut mourir pour vous.

 Partons tous,
Cupidon nous appelle;
Que le tems est doux,
Voyez que la saison est belle;
Embarquons nous,
Emportons dans ce pelerinage
Sauscissons,
Bon jambon & fromage,
Bannissons, cher pelerin,
Le noir chagrin,

Que Bacchus soit de notre veyage;
Toujours le bon vin
Racourcit le chemin.

Chanson nouvelle.

AU jardin de mon pere
Un pommier il y a,
Les feüilles en sont vertes,
Le fruit en est doux,
Jean, Jean vous ne dormez gueres,
Jean, Jean vous ne dormez pas,
Jean ce sont vos rats
Qui font que vous ne dormez gueres,
Jean ce sont vos rats
Qui font que vous ne dormez pas.

Les feüilles en sont vertes,
Le fruit en est doux,
Trois jeunes pucelles
Ont été dessous,
Jean, &c.

Trois jeunes pucelles
Ont été dessous
Ce dit la plus jeune,
Je crois qu'il est jour;

Jean, &c.

Ce dit la plus jeune,
Je crois qu'il est jour,
Ce dit la seconde,
Ce n'est pas le tout,
Jean, &c.

Ce dit la seconde,
Ce n'est pas le tout,
Ce dit la troisiéme,
C'est mon ami doux,
Jean, &c.

Ce dit la troisiéme,
C'est mon ami doux,
Il est en campagne,
Il reviendra un jour,
Jean, &c.

Il est en campagne,
Il reviendra un jour,
S'il gagne bataille,
Il aura mes amours,
Jean, &c.

S'il gagne bataille,

Il aura mes amours,
Qu'il perde ou qu'il gagne;
Il les aura toûjours.
Jean, &c.

Chanson nouvelle, Sur l'air : *Petite, Petite, vos talons sont bas*, &c.

LE bruit court en ville
Que le gros Lucas
Prés de la Courti'le
Fut dans l'embarras,
Trouvant une fille
Vêtuë de damas.

Il lui dit petite,
Vos talons sont bas,
N'allez pas si vîte,
Prenez-moi le bras,
Crainte qu'à la suite
Vous fassiez faux pas.

La fine matoise
Lors d'un air badin,
Lui dit maître Blaise,
Vous m'êtes cousin,
Marchons à notre aise

Tout droit à Pantin.

 Cheminant, l'yvrogne
Lui dit en chemin,
Quand j'ai bû, mignone,
Chopine de vin,
Toûjours ma befogne
Va d'un fort beau train.

 J'ai toûjours oüi dire
Que trop peu de vin
Empêche de rire,
Rendant l'homme vain;
Et la tirelire
Ne va pas si bien.

 Arrête là, belle,
Sous ce verd bofquet,
A mon efcarcelle
J'ai un beau bouquet,
Vous verrez ma belle,
Si je l'ai bien fait.

 Sans être farouche
Lui dit, arêtons,
Prés d'elle fe couche,
Prenant fes tetons,

Pendant qu'en sa bourse
On prend ses testons.

Fatigué, l'yvrogne
Se mit à dormir
Prés de sa poupone,
Qui chanta ainsi,
Adieu donc jenlogne,
Garde bien le nid.

Faut il que je t'aime
Petit scelerat,
Tu as mangé la crême,
Ce n'est pas le chat,
Va pauvre Boëme
Changer de rabat.

Au réveil le drole
Demeura bien froid,
Voyant ses pistoles
Hors de son gousset,
D'être sans oboles
Il eut grand regret.

Chanson nouvelle, Sur l'air : *La jeune Isabelle.*

FAut chanter l'histoire
D'un certain mitron,
Qui faisoit, faut croire,
Trop le fanfaron ;
Dans Toul bonne Ville
Ce fier étourdi
Ne trouvoit point filles
Capables pour lui.

Un jour il chemine,
Pour faire au moulin
Moudre sa farine,
La meuniere enfin
Il trouva jolie,
La voulut baiser ;
Lui disant ma mie,
Je veux t'épouser.

Vous sçavez mignonne,
Je suis boulanger,
Je pétris, je tourne,
Fais du pain leger,
Pour vous ma ficelle
J'ai beaucoup d'amour,

Ensemble la belle
Nous faut mettre au four.

   La meuniere enceinte
Devint à l'instant,
Le mitron par crainte
Sans perdre de tems
En épouse une autre
Pour la ratraper,
Mais le bon apôtre
Fut bien atrapé.

   Le jour de ses nôces
Dansant au banquet,
Sa femme étant grosse
Mit bas son paquet,
De deux belles filles
Fallut accoucher,
Qui passa pour gille
Fut le boulanger.

   La meuniere habile
Voulant se vanger,
Porte sa famille
Chez le boulanger,
Et même en justice
Se fit ordonner
Cent cinquante livres ;

Qu'il fallut troüver.

Il peste, il enrage
En grinçant des dents,
Me voir en ménage
Avec tant d'enfans,
Sans être le pere
Que d'un par hazard,
Me voilà confrere
Du rang des cornards.

Tout le voisinage
Pour le consoler,
Lui dit soyez sage,
Jamais n'en parlez,
Quittez le caprice,
Un jour vos enfans
Vous rendront service,
Quand ils seront grands.

Vaudeville.

MA femme je ne dors gueres,
Ma femme je ne dors pas;
Ou quand je dors, les chimeres
Me mettent l'esprit en bas;
Jean ce sont vos rats
Qui font que vous ne dormez gueres

Jean ce sont vos rats
Qui font que vous ne dormez pas.

   Ma femme la nuit derniere,
J'ai rêvé d'étranges cas,
Je ne sçai pargué qu'en croire,
Les songes sont vrais par fois,
Jean, &c.

   Qui en, vois, notre ménagere,
J'aperçus le gros Lucas
Par la porte de derriere,
Qui entroit en tapinois,
Jean, &c.

   D'abord il fit sa litiere
D'un gros paquet d'échalats,
J'entendis marcher derriere,
Je sortis, quand tu entras,
Jean, &c.

   J'approchis voir le mystere,
Tu te mis entre ses bras,
Ce grison se mit à braire,
Et se jettit dans les dras.
Jean, &c.   FIN.

VEU l'Approbation: permis ce 10. Avril
      1715.   M. R.

CHANSON NOUVELLE.

Du haut en bas,
Vous traitez vos Amans, Climene,
Du haut en bas,
Pour moi je ne m'en plaindrai pas,
Car j'aime assez qu'une inhumaine,
Quand je suis amoureux, me mene
Du haut en bas.

Du bas en haut,
Je vous ai vû à la fenêtre
Du bas en haut,
Vous me parûtes sans défaut,
L'ardeur que vos yeux m'ont fait naître
A fait.....
Du bas en haut.

Pour une fois,
Soulagez-moi belle Climene,
Pour une fois,
Ne soyez point sourde à ma voix,
Repondez-moi, belle inhumaine,
Ce n'est, dit-elle, pas la peine
Pour une fois.

Je ne sçaurois
Calmer vôtre amoureux martyre,
Je ne sçaurois,

Je suis trop jeune & j'en mourrois,
Je craindrois, quand je voudrois rire,
Vous entendre souvent me dire,
Je ne sçaurois.

De tous les cœurs,
Vous triomphez, belle Climene,
De tous les cœurs,
Vos attraits sont par tout vainqueurs;
Si le plaisir suivoit la peine,
Vous seriez à jamais la Reine
De tous les cœurs.

Le voulez-vous,
Un cœur que vous mettez en cendre,
Le voulez-vous,
Peut-on resister à vos coups?
Cessez, Iris, de vous défendre,
Goûtez le plaisir le plus tendre,
Le voulez-vous.

De sa vertu,
Une prude parle sans-cesse
De sa vertu,
Sans avoir jamais combattu,
Mais quand un tendre Amant la presse,
On connoît bien-tôt la foiblesse
De sa vertu.

Comme à Venus,
Pâris le plus galant des hommes,
Comme à Venus,

Rendroit hommage à vos vertus,
S'il vivoit au siécles où nous sommes,
Il viendroit vous offrir la pomme,
Comme à Venus.

Sans le bon vin,
Le reste n'est que bagatelle,
Sans le bon vin,
Le plaisir se change en chagrin,
Il faut que j'en verse à ma belle,
Elle seroit toûjours cruelle
Sans le bon vin.

Quand elle boit,
Elle m'agasse la premiere,
Quand elle boit,
L'amour n'y perd jamais son droit,
A mes desirs tendre & moins fiere
Elle se livre toute entiere,
Quand elle boit.

Qui l'entend mieux,
A renverser une servelle,
Qui l'entend mieux,
Du vin Iris, ou de vos yeux,
Je vais decider la querelle,
Je le juge, c'est la prunelle
De vos beaux yeux.

Dans le Caffé
Brillante comme fleur nouvelle
Dans le Caffé,

Jeune beauté vous tromphez,
Et vous ne devez qu'aux chandelles
Tout l'éclat qui vous rend si belle
Dans le Caffé.

 A l'Opera,
Fille qui fait trop la sucrée
A l'Opera,
Tôt ou tard s'en repentira,
Car je sçai que selon l'usage
L'on trouve peu de filles sages
A l'Opera.

 Sur les Terraux,
Fille qui veut tromper sa mere
Sur les Terraux,
Invente mille tours nouveaux,
Tout doucement elle s'écoule,
Et se glise parmi la foule
Sur les Terreaux.

 Sur le Pont-neuf,
L'on rencontre des Demoiselles
Sur le Pont-neuf,
A cajoler pour un sol neuf,
Les amoureux font sentinelle,
Et séduisent toutes ces belles
Sur le Pont-neuf.

 Au Cabaret,
Pour satisfaire son envie
Au Cabaret,

L'on goûte des plaisirs parfaits;
Si ma méthode étoit suivie,
L'on passeroit toute sa vie
Au Cabaret.

 Près de la Foire,
Le soir au beau clair de la lune
Près de la Foire,
L'on y respire le bon air,
Près de sa blonde & de sa brune,
Cherchant quelque bonne fortune
Près de la Foire.

FIN.

Dialogue : Sur l'air ; *Réveillez - vous &c.*

Quand je tiens de ce jus d'Octobre,
Et ma Philis que j'aime tant,
Qu'il est malaisé d'être sobre,
Qu'il est aisé d'être content.

 Dans cette agréable demeure
Unissons Bachus & l'amour ;
Philis, laissé moi boire une heure
Et je t'aimerai tout le jour.

 Helas : comment attendre une heure ;
Quand on est pressé par l'amour,
Thirsis, baise-moi tout-à-l'heure,
Tu boiras le reste du jour.

Verſe du vin l'amour me preſſe,
Enyvrons juſqu'à la vertu,
Ah Thirſis, je ſens ma foibleſſe,
Et toi, comment te porte-tu.

 Iris je me porte à merveille,
J'ay tout les ſignes de ſanté,
J'en prens la ſource à ma bouteille,
C'eſt un torrent de volupté.

 Fis du vin, quand l'amour nous preſſe,
Ma Philis, que ne parles-tu,
Si-tôt que tu ſens la foibleſſe,
Je ſens a leur ma vertu.

FIN.

✤✤✤✤✤✤✤✤✤✤ ✤✤✤✤✤✤✤✤✤✤

Autre ſur le même air.

ON ne peut point garder les filles,
Elles s'échapent quelques jours
Les limaſſons de leurs coquilles,
Sortent bien pour faire l'amour.

 Or parlez donc, beauté charmante,
M'aimerez-vous de bonne fois,
Monſieur, je ſuis obeïſſante,
Mon papa repondera de moi.

FIN.

Autre sur le même air.

JE suis gueux comme un rat d'Eglise
J'ay pour tout meuble un tabouret,
Et pour tout linge une chemise
Mais j'ay crédit au Cabaret.

 Ma femme avoit l'apoplexie,
Je croyois la faire enterrer;
Mais le Medecin la guerie;
Le Diable puisse l'emporter.

 Un jour passant par la Cuisine
Demandant de la soupe aux choux,
On me flanqua par les babines
Un gros Navet mol comme un Clou.

FIN.

Chanson : Sur l'air : De la Curiosité.

J'Aime de mon Iris
Sans oser m'en deffendre,
  La Beauté.
Et malgré mon amour
Je ne veux rien lui prendre,
  La Rareté.
Mais je veux seulement

La rendre un peu plus rendre,
La Curiosité.

Mille Amans m'ont juré
Un amour immortel,
La beauté.
A l'âge de quinze ans
J'étois encor pucelle,
La Rareté.
Et après j'ai fait voir
Pour une bagatelle
La Curiosité.

La charmante Nannon
A sçû rendre immortelle
La Beauté.
Pour or ni pour argent,
L'on ne voit point chez elle
La Rareté.
Car elle montre à tous,
Sans faire la cruelle
La Curiosité.

On sçait que cette belle
A perdu dans Cythere
La beauté.
Pour attraper quelqu'un,
Elle fait trop la fiere,
La Rareté.

Mais le risque est trop grand,
Pour oser satisfaire
            La Curiosité.

FIN.

Chanson Nouvelle.

L'Autre jour l'aimable Thyrsis
Me trouvant seulette,
Me dit ces amoureux soucis,
En cueillant l'herbette,
Un petit moment plus tard
Si maman ne fût venuë,
Un petit moment plus tard,
J'étois, j'étois perduë.

   Vainement je voulu fuïr,
Il étoit trop tendre,
Quand l'amour nous veut retenir,
Peut-on s'en deffendre ?
Un petit, &c.

   Regards, soûpirs, tendres sermens,
Tout marquoit sa flame,
Et déja ses transports charmans
Me touchoient dans l'ame,
Un petit, &c.

   Je semblois vouloir repousser
Sa main temeraire,

A 4

Mais je craignois de la blesser,
Elle m'étoit trop chere,
Un petit, &c.

 Ah ! qu'un Amant est dangereux,
Quand il sçait nous plaire,
Il ne faut pour le rendre heureux
Qu'un lieu solitaire
Belle, craignez le hazard,
Si l'on n'est pas secouruë,
Quand on se trouve à l'écart,
L'on est, l'on est perduë.

 Ah ! Thyrsis, quel tendre plaisir,
Lui dis-je inquiéte,
Hélas ! je me sens embarasé,
Epargne Lisette,
Un petit, &c.

 Enfin j'étois troublée, sans voix,
J'étois sans deffense,
Quand Maman vint du prochain bois
Rompre le silence,
Un petit, &c.

FIN.

Chanson ; Sur l'air : *Des trompettes fanfares*, ou bien, *sur mon bon pere tarare pompon*.

L'Amour est dans vos yeux,
Ma charmante Bergere,
L'amour est dans vos yeux,
Où peut-il être mieux ?
Je ne connois personne
Qui n'en soit amoureux ;
Et qui ne s'abandonne pour eux.
  On dit que vous m'aimez,
Je ne le sçaurois croire,
Non votre cœur n'est point
Si tendre que le mien,
Quand on aime, il faut boire,
Autant qu'on le peut bien,
Tout le reste, Bergere, n'est rien.
  Après avoir long-tems
Folâtré sur l'herbette ;
N'oublions pas, Philis,
Les jeux les plus badins,
Quitte donc ta houlette,
Permet que sur...
De tems-en-tems je mette la main.
  Non, je ne puis, Thyrsis,

N'en sçais-tu pas la cause,
Ces jeux ne font jamais
Sans faire du chagrin,
Aujourd'hui si tu poses
La main de ....
Tu voudras autre chose demain.
 Ne crains rien de mes feux
La flamme en est fort belle,
Cette faveur sera
Le but de tous mes vœux,
N'étant point Criminelle,
Tu peux suivre à ton tour,
Je te seray fidelle toûjours.
 Le moyen de compter
Sur un berger qu'on aime,
Et pourqui l'on ressent,
Avoir tant de tourment,
La passion extrême,
Que l'on trouve en aimant,
Fait rompre le Carême souvent.
 Non, non, ne craignez pas
Que le Ciel nous sepeare,
Nos cœurs seront unis
En dépit des jaloux,
Et si le sort barbare
Me destine un époux,
D'abord je me declare pour vous.
FIN.

AUTRE CHANSON.

Que fais-tu Bergere
Dans ce beau verger ?
Tu ne songes guere
A me soulager,
Tu connois ma peine,
Tu vois ma langueur,
Prens, belle inhumaine
Pitié de mon cœur.

   Tous ceux du village
Seront les témoins,
Que ton cœur volage
Meprise mes soins,
Tu seras blâmée,
Et pourras un jour
N'être point aimée,
Et mourir d'amour.

   Je n'ai d'habitude
Qu'avec mes soûpirs,
Et la solitude
Fait tous mes plisirs,
Mon cœur triste & sombre
Fait l'éclat du jour,

Et l'honneur de l'ombre
Plaît à mon amour.
 Le cœur d'une femme
Se perd aisément,
Son amour l'enflame
Plus que son Amant,
Ne comptez sur elle,
Ni sur ses soupirs :
Quand elle est fidelle
C'est à ses desirs.

FIN.

CHANSON NOUVELLE,
sur les vandanges ; Sur l'air : La
belle Isabelle.

Allons, Colombine,
 Vîte & promptement
Visiter nos vignes,
Car voilà le temps ;
La vendange est belle
De cette année-ci,
Beuvons à merveille
Et à juste prix.

Magdelon, Nanette,
La belle Isabeau,
Prenez vos serpettes,
Et chacune un seau,
La vendange est belle
De cette année-ci,
Beuvons à merveille
Et à juste prix.

— Allons camarades,
Nous faut rejoüir,
Vîte une salade,
Beuvons sans pâlir,
La vendange est belle
De cette année-ci,
Beuvons à merveille
Et à juste prix.

La jeune Therese
Y va en riant,
Et dit qu'elle est aise
De passer son tems,
La vendange est belle
De cette année-ci,
Beuvons à merveille
Et à juste prix.

La joye est fertile
Dedans cet endroit,
On y voit des filles,
Dont on fait le choix,

La vendange est belle
De cette année-ci,
Beuvons à merveille
Et à juste prix.

   Après la vendange
Et son charmant jour,
Ensemble en échange
Nous ferons l'amour ;
La vandange est belle
De cette année-ci,
Beuvons à merveille
Et à juste prix.

FIN.

*Bergere nouvelle ; Sur un air nouveau,
Ou Boulanger de Gonesse, veux-tu
te divertir.*

LE Printems vient de naître,
  Ah ! l'aimable Saison,
L'Hyver & ses glaçons
Viennent se disparoître,
Menons nos moutons paître,
Ma charmante Nannon.

   Viens ma jolie Bergere,
Là-bas dans ces valons,
Pour garder nos moutons

Sur la verte fougere,
Ne fois jamais legere,
Je ferai ton mignon.

   Les oifeaux du bocage
Chantent agréablement,
La douceur du Printems
Ranime leur ramage,
Qu'il fait bon à l'ombrage,
Que ces lieux font charmans.

   Dans le tems où nous fommes,
Les Bergers font legers,
Et fujets à changer,
Tous autant que nous fommes,
L'inconftance des hommes
Nous doit faire fonger.

   Tu me crois infidele,
Ah ! charmante beauté,
Crois-moi en verité,
Ma flamme eft immortelle,
Je t'aimerai, ma belle,
Avec fidelité.

   Profitons bien jeuneffe,
Du printems de nos jours,
Quand nous ferons un jour
Dans l'hyver de vieilleffe,
Adieu toutes tendreffes,
Adieu tous les amours.

           FIN.

Critique nouvelle ; Sur l'air : *Mon pere j'ai souvent menti, j'ai été souvent paresseuse.*

JE trouve que les jeunes gens [aises,
Aujourd'hui cherchent trop leurs
Chez les Dames au bon vieux tems
prenoit on les meilleurs chaises,
Les-y voyoit on renversés,
Les jambes & les genoux croisés.
 La perruque en ce tems ici
Qu'on ôte des qu'elle incommode,
Et le tabac qui Dieu merci
Est devenu fort à la mode,
Font qu'ils se montrent sans cheveux,
Et barbouillez jusques aux yeux.
 L'homme incivil & grossier,
Qui volontiers rompt en visiere,
Qui nous dit des mots de charetier,
Est approuvé en sa maniere,
Et passe pour avoir du Ciel
Le don d'un esprit naturel.
 Le jeu, le vin, & *catera*
Ont gâté toute la jeunesse,
Les Infantes de l'Opera
L'ont dégoûté de la tigresse,
La politesse de la Cour

Venoit d'un plus parfait amour.
  Et la femme de son côté
A pris par au libertinage,
Et s'est par son habilité
Souftrait aux fâcheux esclavage
De tous les habits contraignans,
Que l'on portoit au bon vieux tems.
  Le corps de juppe est aboli,
La colerette est suprimée,
Le grand habit noir est banni,
La robbe la plus negligée
Les met dans une liberté,
Où nos meres n'ont point été.
  Au lieu, que l'écharpe aujourd'hui,
Dont la mode est bien établie,
Passe dans la maison d'autrui
Pour habit de ceremonie,
On ne se fait plus un devoir
De visiter en habit noir.
  Même la femme sans façon,
Depuis Janvier jusqu'en Decembre,
Va, vient & sort de sa maison
Bien souvent en mule de chambre,
Et prête à tout évenement
Semble attendre un heureux moment.
  Le Lansquenet n'étoit connu
Jadis que des Laquais & Pages,
Maintenant il est devenu

Le jeu des folles & des sages,
On se querelle, on parle haut,
C'est à la Cour du Roi petault.

La femme decide du vin,
Sçait où le meilleur se debite,
Elle se pique de goût du fin,
Elle en fait son plus grand merite,
Bachus releve ses apas,
Le Canapé n'est qu'à deux pas.

Elle tire negligemment
Du tabac de sa tabatiere,
C'est un petit amusement,
C'est un air, c'est une maniere,
Si les Maris en son contens,
Vive la mode d'à present.

  Pauvres maris, voici le tems,
  D'être batus, cocus, contens.

FIN.

Reponse à la critique ; Sur le même air.

Pourquoi blâmer dans vos Chansons
Les usages les plus commodes?
Il faudroit bien d'autres leçons
Pour reformer toutes nos modes ;
Tous vos atours du tems jadis
Ne font point honte à nos habits.

Faites nous voir que nos Amans
N'ont ni merite, ni tendresse,
Otez leur tous leurs agrémens,
Et vous nous verrez sans foiblesse;
Une Tabatiere à la main
Rend-t-elle un homme si vilain.

 S'ils sont couchés dans un fauteüil
Les genoux croisez l'un sur l'autre,
Ne croyez point à ce coup d'œil
Nôtre goût different du vôtre!
Mais quand d'ailleurs le marché plaît;
Le Marchand passe tel qu'il est.

 Ne sçait-on pas que nos Guerriers
Ont des vertus bien reconnuës,
Ils nous apportent leurs Lauriers;
Et n'en serions nous point émuës,
Chez nous qui s'en fait estimer
N'est pas loin de s'en faire aimer.

 Dans nôtre Fauxbourg S. Germain
Nous n'aimons par les vieux usages,
Croyez-vous qu'en vertu gadins
Nos grande-meres furent plus sages,
Que sert, quand on est sans temoins,
Un peu d'étoffe plus ou moins.

 Feüilletez bien vos Almanachs,
Vous trouverez que ces matronnes,
Sans vin, sans mâle & sans tabac,
Faisoient plus que nous les dragonnes,

Et sous leurs grotesque harnois
L'amour cachoit un feu gregeois.

 Les hommes sont faits pour aimer,
Les femmes sont faites pour plaire, [mera
Quand leurs beaux yeux ont sçû char,
L'habit ne fait rien à l'affaire,
Les vrais Amans dans les combats
Ont toûjours mis le chapeau bas.

 Les hommes sont de trop bon goût,
Pour s'arrêter à la parure,
On ne les voit que trop par tout
Quitter le velours pour la bure,
Et nos Amans & nos Maris
Courent la Grisette à Paris.

 Trouvez-vous leur goût si mauvais
De chercher là quelque Déesse ?
Elles joignent à de beaux attraits
L'esprit & la delicatesse,
L'Hymen ne veut que de grand noms,
Mais l'amour reçoit des Fanchons.

 Chanter à son petit réduit,
Où sans orgueil & sans grimace,
Loin de la contrainte & du bruit,
On y fait tout de bonne grace,
Ce sont les filles d'Apollon
Qui font chanter sur le beau ton.

 Les modes, les noms, les états
Sont même sujets de Satyre,

Souvent qui chante, ne sçait pas
Qu'en secret de lui l'on veut rire,
Et qui rit des défauts d'autrui,
Rit de ce que l'on dit de lui.

FIN.

CHANSON NOUVELLE

JE veux garder ma liberté
Et mon humeur folette,
Mon jeune cœur n'est point tenté
Du jargon d'amourette ;
Gardons nos moutons lirêtre, liron,
Lirez, lirons, lirette.
  Pour me deffendre des Amans,
J'ai mon chien, ma houlette,
Et je crains peu les complimens,
S'il me trouvoit soulette,
Gardons, &c.
  Maman dit qu'ils sont tous trompeurs
D'une humeur indiscrette,
Qu'il ne faut aimer que les fleurs,
Et non pas la fleurette,
Gardons, &c.
  Quand on laisse engager son cœur,
L'on est trop inquiete,
L'on perd toute sa bonne humeur,

Et l'on est contre faite,
Gardons, &c.

Si l'amour venoit quelque jour
Me voir en ma chambrette,
Je l'âcherois après l'amour,
Ma fidelle Lisette,
Gardons, &c.

Je ne veux point changer de nom,
Je veux rester fillette,
Il n'est point de plus joli nom,
Que celui de Nannette,
Gardons, &c.

J'aime à rire, j'aime à sauter
Au son de la musette,
J'aime à d'anser, j'aime à chanter,
Voila mon amusette,
Gardons, &c.

C'est ainsi que presentement
Dit la jeune Nannette,
Elle dira tout autrement
Un peu plus grandelette,
J'aime mon Amant
Bien plus tendrement,
Que ma lirons lirette.

*veu l'Approbation du sieur Passart
permis d'imprimer ce 10. Avril 1715.*
M. R. DE VOYER D'ARGENSON.

LES DOUX VIVE LE ROY.

L'OPERA DES PARISIENS,
sur le Rétablissement de la Santé de Sa Majesté Louis XV.

Sur l'Air: *Du bas en haut, je vous ay vû à la ferêtre, &c.*

VIVE LE ROY:
Chantons Sa Majesté guérie,
 Vive le Roy,
 Et son Gouverneur Villeroy,
Et sa Gouvernante chérie;
Que chacun à l'envy s'écrie?
 Vive le Roy.
 Il est Vainqueur,
Des traits de la fatale Parque
 Il est Vainqueur,
A son aspect elle est sans cœur;
Caron s'enfuit avec sa barque
Aussi-tôt qu'il voit ce Monarque:
 Il est Vainqueur.

À sa santé,
Plus que jamais nous devons boire
    À sa santé
Dans ce grand jour plein de gayeté;
Louis a bravé l'Onde noire;
Trinquons pour celebrer sa gloire
    À sa santé.
    Ce Roy charmant
Dans ce beau jour semble renaître,
    Ce Roy charmant
Nous remplit de contentement;
Que chacun lui fasse connoître,
Qu'il est heureux d'avoir pour Maître
    Ce Roy charmant.
    Dans tout Paris
On n'entend qu'haubois & trompettes,
    Dans tout Paris
On n'entend que chansons & ris,
On ne voit que feux & bûvettes,
On ne voit que Bals & Guinguettes
    Dans tout Paris.
    Ah quel plaisir!
Nous fait cette convalescence,
    Ah quel plaisir!
Il épuise nôtre desir:
Non il ne fut jamais en France
Une telle réjouïssance:
    Ah quel plaisir!
    F I N.

CHANSON NOUVELLE.

Sur l'air: Ah! Nicolas sois moy fidelle.

Morgué Piarrot j'ons bonne chance,
Nôtre bon Roy se porte mieux,
J'en avons le cœur si joyeux,
Que j'en crions à toute outrance,
Vive le Roy, vive le Roy,
Et Monseigneur de Villeroy.

Son Gouverneur, sa Gouvernante,
Quoiqu'ils soient de vieilles gens,
Valent mieux qu'autres de quinze ans,
Ils sont cause que chacun chante,
Vive le Roy, &c.

Si je tenois sa Gouvernante,
Morguenné que je la baiserois,
Un biau garçon je lui ferois,
Qui chanteroit comme je chante,
Vive le Roy, &c.

Noutre minagere Collette
Aime itou son bon Gouverneur,
Elle voudroit, dit-elle, à cette heure
Etre par lui tenuë seulette :
Vive le Roy, &c.

Parsangué point de jalousie,
Je le voudrois de tout mon cœur,
S'il lui faisoit un tel honneur,
Je chanterois toute ma vie,
Vive, &c.

Nôtre Curé vient de sa grace
Faire chanter le *Ti Dium*,
A present plus gay qu'un Pinson
Il danse & chante à my la place,
Vive le Roy, &c.

   Le Fiscal est un bon yvrogne
Qui fait préparer un repas,
Où seront Jean, Blaise & Lucas,
Chantant, ils rougiront leur trogne,
Vive, &c.

   Le Magister de ce Village
Plus amoureux qu'un jeune chat,
Prend Margot, quitte son rabat,
Pour chanter dedans ce bocage,
Vive, &c.

   Ce soir j'allons faire tapage,
Et je boirons comme des trous,
Je sauterons comme des fous,
Et chanterons par tout le Village,
Vive, &c.

   Quelques Bergers, quelques Bergeres
S'en allons prendre leurs ébats,
Et sans même tant de fracas
Pourront chanter sur la fougere,
Vive, &c.

   J'allons faire grands feux de joye,
Tout à l'entour j'y danserons;
Et pour boire, dépenserons
Le peu que j'avons de monoye:
Vive, &c.

En récompense nôtre Sire
De bon œil nous regardera,
Et d'impôts nous soulagera,
Quand bien sçaura que j'ons sçû dire,
Vive, &c.

Prions la divine Puissance
De conserver ce Roy charmant ;
Et pour le grand soulagement
Du pauvre Peuple de la France,
Vive le Roy, vive le Roy,
Et Monseigneur de Villeroy.

F I N.

CHANSON NOUVELLE.

CHantons, chantons le jeune Roy
    Qui fait nôtre esperance ;
Il apprend à donner la Loy *bis*
    Dès sa plus tendre enfance :
Ce n'est pas un petit employ *bis*
    De regner sur la France.

✱✱

Il est beau comme le beau jour,
    Il a la taille fine ;
Il a la jambe faite au tour,
    Vrayment qu'on examine
Les petits Messieurs de sa Cour
    Ont-ils si bonne mine ?

✱✱

Comme Fils de bonne Maison,
    On prend soin de l'instruire;
Il a des gens de grand renom
    Qui sçavent le conduire;
Fleury, Villeroy, de Bourbon,
    Duc Régent, c'est tout dire.

✼✼

Il mord, dit-on, dans le Latin
    Comme faisoit son Pere;
Il a souvent le Livre en main,
    Et sçait bien sa Grammaire:
Mais pour sçavoir le fin des fins,
    Il lit son grand-grand Pere.

✼✼

On voit bien qu'il a de l'esprit
    A sa phisionomie,
Bien qu'il soit encore petit
    Il paroît grand genie;
Il entrera sans contredit
    Dedans l'Academie.

✼✼

On assure qu'il est sçavant
    Dans la Geographie,
Preuve qu'il sera conquerant
    Dans le cours de sa vie.
Sur la Carthe, Alexandre enfant
    Prenoit déja l'Asie.

✼✼

Quand il danse à son joly Bal
    Il fait bien la figure;
Il monte, & se tient à Cheval

Droit comme une peinture,
Il tire & ne tire pas mal,
J'en tire bon augure.

※※

Ce jeune Prince est tout charmant,
Il est bon sans mélange,
Sur un certain point seulement
Son humeur est étrange,
Il n'aime pas le compliment
Et craint toute loüange.

※※

Mais puisqu'il sçait la verité
Il a tort de la craindre,
Chantons, chantons sans hesiter
A quoi bon nous contraindre ?
Nous avons droit de le chanter
Ainsi que de le peindre.

※※

Ah puisque pour tous ses Sujets,
Il a le cœur si tendre,
De luy chanter quelques couplets
Voudroit-il nous deffendre ?
En tout cas, chantons, chantons-les
Il ne peut nous entendre.

※※

Chantons, buvons à sa santé,
Sa santé nous est chere,
Prions tous le Dieu de bonté
Que ce Prince prospere,
Qu'il soit des méchans redouté,
Des bons qu'il soit le Pere.

※※ F I N.

TRANSPORTS DE JOYE
des Paysans de Bagnollet.

Sur l'air : *Lampons, lampons.*

JArnyguenne que les François   *bis.*
Lichront à présent leurs doigts   *bis.*
Que nôtre bon Roy de France,
Soulage nôtre esperance,
Chantons, chantons
Camarades, chantons.

  J'étions tretous ébaubis   *bis.*
Mais je sons bian réjoüis.   *bis.*
Que ce jeune & grand Monarque,
Se soit enfoüy de la Parque;
Chantons, chantons,
Camarades, chantons.

  Conservez vous Villeroy   *bis.*
Pour gouverner nôtre Roy   *bis.*
Afin qu'étant hors d'atteinte
Il dissipe en nous la crainte,
Chantons, chantons
Camarades, chantons.

FIN.

CHANSON NOUVELLE,

Sur l'air : *Buvons mes chers amis à l'honneur de la France.*

Que de cris dans Paris ! que de réjoüissances,
Que de réjoüissances l'on entend jour & nuit,
De la convalescence
De ce grand Loüis.
 Les Marchands, artisans, un chacun s'interesse,
Chacun s'interesse, les grands & les petits
Crient avec allegresse,
Vive le Roy Loüis.
 Bûvons mes chers amis, bûvons en abondance,
Bûvons en abondance du bon Vin de Chablis,
Pour la convalescence
De ce grand Roy Loüis.
 Un concours étonnant de Peuples en prieres,
Le *Te Deum* on chante, l'*Exandiat* aussi,
Pour la convalescence
De ce grand Roy Loüis.

Prions le Tout-puissant d'exaucer nos
Prieres,
D'exaucer nos Prieres, & que le Roy Loüis
Porte le Diadême,
Jusqu'à ses petits-Fils.

F I N.

CHANSON NOUVELLE,

Sur l'air : *Ma fille je vous aime bien,*
ou bien, *Vigneron il faut cette année.*

FRançois, il nous faut réjoüir, *bis.*
Puisque nôtre bon Roy Loüis
A present se porte fort bien ;
Il nous faut divertir,
Et boire à lui sans fin. *bis.*
  Les François tous la larme à l'œil, *bis.*
Craignoient de se voir au cercuëil
Ayant appris la maladie
De nôtre puissant Bourbon
Suppôt des Fleurs-de-Lys. *bis.*
  Sainte Geneviéve que nous reclamons, *bis.*
Que par vôtre intercession
Auprès de Jesus & Marie,
Dieu renvoye la santé
Au Monarque Loüis. *bis.*

Monsieur le Premier Président,　*bis.*
& Conseillers du Parlement
Ont fait chanter le *Te Deum*,
Ayant appris la santé
De Loüis Quinze du nom.　　　　*bis.*
　　Tout aussi-tôt dedans Paris,　*bis.*
Les Peuples se sont réjoüis,
Faire bonbance & feux de joye,
Et crier à tout moment
Vive nôtre bon Roy.　　　　　　*bis.*
　Prions le Seigneur Tout-puissant,　*bis.*
Qu'il nous le conserve long-temps,
Et que sur tous ses Ennemis
Il remporte la victoire
Dedans tous les Pays.　　　　　*bis.*

F I N.

CHANSON NOUVELLE,

Sur l'air : *de Madame de Vantadour*, ou bien, *Il n'est rien pire que l'eau qui dort.*

AH ! quelle grand-joye
　Pour toute nôtre France,
De revoir en santé
Nôtre Roy bien-aimé ;
Chacun en grand-réjoüissance
A prié Dieu pour sa santé.

Ce n'est que ris,
Que joye & qu'allegresse,
Par tout dans Paris
Les grands & les petits,
Tout le monde abandonne la tristesse
Et quitte aussi-tôt le soucis.
   Son Gouverneur
Tous les Princes & Princesses,
Marquent leurs ardeurs
Pour luy rendre leurs honneurs,
Pour le revoir un chacun d'eux s'empresse
Avec grand joye dedans la Cour.
   Tous les Bourgeois
S'en vont au Carousel,
Pour luy témoigner
Tous leur amitié,
On les entend crier avec zele
Que Dieu le conserve en santé.
   Tous les Marchands
Menant réjouïssance,
Et les Corps de métier
En sont bien consolez,
De voir le support de la France
Rétably en bonne santé.
   Les Porteurs d'eau,
Jardiniers, Poissonnieres,
Crient, Vive le Roy,
Pour marque de leur joye,
Ils montrent tous une joye entiere,
Prions Dieu qu'il le conserve en paix.
   FIN.   CHANSON

CHANSON NOUVELLE;

D'un bon Paysan venant à Paris pour le Roy Loüis quinziéme, dans le mois d'Août 1721.

Tout ce Village retenty,
    Tout ce Village retenty,
De la maladie de Loüis,
Lon lan la derirette,
Pour moy j'en sy tout ébauby,
Lon lan la derity.
    Annuy dont sors du Poys,
    Annuy dont sors du Poys,
Pour m'en aller viste à Paris,
Lon lan, &c.
Aprendre ce que l'en en dit.
Lon lan la derity.
    Tout d'abord que j'y arrivis,   bis.
Le danger du bon Roy j'appris,
Lon lan, &c.
Mais sur le champ il est guary,
Lou lan, &c.
    Je fus aussi-tôt bien ravy,   bis.
Du *Te Deum* qu'on y chanty,
Lon lan la, &c.
Le Parlement y presidy,
Lon lan, &c.

Le même soir fus étordy, *bis.*
Des gros canons que l'an tiry,
Lon lan, &c.
Ce qui me fait rester icy,
Lon lan la, &c.
 Ne m'y parlez donc plus des Champs, *bis.*
On ne m'y verra de long-temps,
Lon lan, &c.
Car je sons trop aise à Paris,
Lon lan la, &c.
 Les biautez y sont par miyers *bis.*
L'an en voit en tous les quarquiers,
Lon lan, &c.
Je les ont bian vû Dieu marcy,
Lon lan la, &c.
 A Nôtre-Dame y a des gens, *bis.*
Qui soufflent dans de gros Sarpans,
Lon lan, &c.
En entrant ça me fit framy,
Lon lan la,
 L'an en void de gros & de gras, *bis.*
Avecques leur grand piaux de chats,
Lon lan, &c.
Qui font les rominagrobis,
Lon lan la, &c.
 J'en vû le Val-de-Grace itou, *bis.*
Par dedans c'est biau comme tout,
Lon lan, &c.
Il est rudement bian baty,
Lon lan la, &c.

A la Comedie par un trou, *bis.*
Pour la voir on bailloit vingt fous,
Lon lan, &c.
Mais annuy je la vois *graty*,
Lon lan la, &c.
J'en vis qui faifions des éclats, *bis*
Et qui faifions aller leurs bras,
Lon lan, &c.
Jarnygué c'etoit un plaifi
Lon lan la, &c.
Sur le Pont-neuf quand j'y paffi, *bis*
Le Cheval de bronze je vis,
Lon lan, &c.
Le Chapeau bas j'en approchis,
Lon lan la, &c.
Deffus eft le bon Roy Henry, *bis*
Il a l'air d'un bon réjoy,
Lon lan, &c.
L'an diroit encore qu'il vy,
Lon lan la, &c.
La Samaritaine eft auprais, *bis*
L'an la voit là qui prend le frais,
Lon lan, &c.
Et qui regarde l'iau cory,
Lon lan la, &c.
J'on vu des gens qui d'un ar doux, *bis*
Venions nous dire entrez cheu nous,
Lon lan, &c.
Voyez ce qui vous plaît icy,
Lon lan la, &c.

L'autre jour je vis l'Opera, *bis.*
Sont des Sorciers que ces gens-là,
Lon lan, &c.
J'en fy encore tout ahury,
Lon lan la,

L'autre jour je me promenis, *bis.*
Dedans la Place où l'on a mis,
Lon lan, &c.
Le Roy qu'eftoit avant fticy
Lon lan la, &c.

Il eft là fur un pied d'Iftal, *bis.*
Par la bride y quient fon Cheval,
Lon lan, &c.
L'an diroit qu'il s'en va party,
Lon lan la, &c.

En allant tout vifon vifu, *bis.*
Une autre Place j'apparçû,
Lon lan la, &c.
Pour la regarder j'accoury,
Lon lan la, &c.

On voit là le Roy tout doré, *bis.*
Couvart d'un gros manquiau fouré,
Lon lan, &c.
Son bon Ange d'arriere ly,
Lon lan la, &c.

Me promenant le long de l'iau, *bis.*
J'apparçus un biau grand Chaquiau,
Lon lan, &c.
L'on y faifoit du Voulvary,
Lon lan la, &c.

J'avify des gens dans la Cour, *bis*
Qui tambourinions du tambour,
Lon lan, &c.
Les autres portions des Fufys,
Lon lan la, &c.
Je demandy pourquoy cela, *bis.*
L'on me répondit comme çà,
L'on lan, &c.
C'eft que le Roy demeure icy,
Lon lan la, &c.
Je me couly tout au travars, *bis.*
Des Capitaines & Soudars,
Lon lan, &c.
Jufqu'au Jardin je m'avancy.
Lon lan la, &c.
Sur un pied d'eftaile en entrant, *bis*
J'avify un grand homme blanc,
L'on lan, &c.
Qu'eft planté là pour ravardy,
L'on lan la,
J'on vû le Roy fur fon Balcon, *bis.*
Qui a bonne mine & façon,
Lon lan, &c.
Il eft plus Biau qu'un Adony,
Lon lan la, &c.
Il avoit un large riban, *bis.*
Coufy d'une plaque d'argent,
L'on lan, &c.
Qui treluifoit fur fon Haby,
Lon lan la, &c.   B iij

Près du Louvre j'étois un jour, *bis.*
J'entendis dans un grand Carfour,
Lon lan, &c.
Queucun qui venoit à grand bry,
Lon lan la, &c.
C'étoit Monsigneur le Rigent, *bis.*
Je le vis passer à l'instant,
Lon lan, &c.
Son Carosse m'éclaboussy,
Lon lan la, &c.
Après ça je cours au poyl, *bis.*
Pour faire vandanges sans bry,
Lon lan, &c.
Boire & chanter vive Louy,
Lon lan la deriry,

FIN.

CHANSON NOUVELLE,

Sur la réjoüissance publique du rétablissement de la santé de la Majesté.

Sur l'air : *Je la voudrois bien connoître la maîtresse à mon amy.*

LE Roy par sa maladie
Nous avoit bien affligé,
Mais le Seigneur que l'on prie
Luy renvoye la santé,

Amis bûvons, chantons,
Vive le grand Roy de France,
Amis bûvons, chantons,
Vive Loüis quinze du Nom.
　Ce n'est que réjoüissances
A présent dedans Paris,
De voir que le Roy de France
Se porte mieux Dieu mercy,
Amis bûvons, &c.
　Bannissons donc la tristesse
Et quittons nôtre chagrin,
Chantons avec allegresse
Loüis quinze sans fin,
Amis bûvons, &c.
　Tous les Bourgeois de la Ville
Corps de Métiers & Marchands,
En témoignent une joye sensible
Et chantent d'un cœur content,
Amis bûvons, &c.
　L'on voit dans toute la Ville
Devant les portes des feux,
Et puis toutes les familles
Qui chantent d'un ton joyeux,
Amis bûvons, &c.
　On a vû aux Thuilleries
Quantité de Porteurs d'eau,
Avec une ame ravie,
Qui tous chantent comme il faut,
Amis bûvons, &c.

Le Roy les a voulu voir,
Comme ils étoient à danser,
Leur ayant donné pour boire
En sortant ils ont chanté,
Amis bûvons, &c.

Marque de réjoüissance
On chante le *Te Deum*,
La Ville en reconnoissance
A fait tirer le Canon,
Amis bûvons, &c.

Vive ce Roy si charmant
Pour nôtre tranquillité,
Pour nous ôter de tourment
Dieu luy conserve la santé,
Amis bûvons, &c.

FIN.

✳✳✳✳✳✳✳✳✳✳✳✳✳✳✳✳✳✳✳✳✳✳

CHANSON NOUVELLE,

Sur l'air : *Reveillez vous belle endormie :*
ou *Verse du vin l'amour me presse.*

PArdy j'avions bien la poussée
J'étions désolez sur ma foy,
Mais *vivat* la fiévre est passée
Il se porte bien nôtre Roy.
C'à répond moi fiévre maudite
A qui livre tu tes assauts,
Quelle extravagante conduite
D'attaquer un jeu. e Heros ?

Vouloir d'une telle personne
Boüillonner ainsi le beau Sang ;
Le Sang des Bourbons ne boüillonne
Que dans la guerre en combattant.
 Ah que serviroit à la France
D'avoir connu ce Cœur Royal,
Ce Cœur qui fait son esperance
Alors auroit fait tout son mal.
 Mais tréve icy de doleance,
Loüis est en bonne santé :
Vous voilà, Bonheur de la France,
Vous voilà donc ressuscité.
 Nôtre cœur est pur & sincere,
Tous les François sont si contens ;
Chacun croit rettouver uu Pere,
Cependant il n'a pas douze ans.
 Les Grands, les petits applaudissent
A ce Roy qui fait leur bonheur,
Petits & Grands se réjoüissent,
C'est qu'il les a tous dans le cœur.
 Tous les soirs, nouveaux badinages,
Ce sont des feux, ce sont des ris :
Ces feux sont de foibles images
Du feu dont nos cœurs sont épris.
 Chacun de nous, sans nous contraindre,
Sont à l'entour joyeusement :
C'est les cœurs que je voudrois peindre,
Ils tressaillent bien autrement.
 Dans nôtre Village, Trédame,
A pas un d'eux je ne cedons :

Je voudrois de toute mon ame
Qu'il pût voir comme je l'aimons. FIN.

****

Impromptu, sur le même air.

MA foy j'avons sujet de rire,
Loüis est en bonne santé,
Il vient de nous l'envoyer dire,
Voyez un peu quelle bonté.
 Il n'a pas fait cela sans cause,
Il sçait combien je l'aimons tous :
Que je l'aimions, c'est peu de chose ;
Qu'il le sçache, c'est tout pour nous.
 Il faut ly payer son message
Par une Chanson impromptu :
Du cœur parlons-lui le langage,
L'Amour parle mieux que Phœbû.
 Que les ris chassent la tristesse,
Venez tous chanter avec moy,
Et disons dans nôtre allegresse
Nôtre Roy vit, vive le Roy. FIN.

VAUDEVILLE

sur le Rétablissement de la santé du Roy.

CHantons, chantons Grands & petits,
 Chantons, chantons Grands & petits,
Le Ciel bannit nos allarmes,

Oh! vive le Roy, vive le Roy,
Revenez jeux, revenez ris,
      Vive Loüis.

  Revenez jeux, revenez ris,   *bis.*
Ramenez vos plus doux charmes,
Oh! vive le Roy, vive le Roy,
Tout vous rappelle en ce Pays,
      Vive Loüis.

  Tout vous rappelle en ce Pays,   *bis.*
Pour un Prince d'importance,
Oh! vive le Roy, vive le Roy,
L'Auguste Rejetton des Lys,
      Vive Loüis.

  L'Auguste Rejetton des Lys,   *bis.*
Vient de renaître à la France,
Oh! vive le Roy, vive le Roy,
La France renaît avec luy,
      Vive Loüis.

  La France renaît avec luy,   *bis.*
Prompte fut sa maladie,
Oh! vive le Roy, vive le Roy,
Sa guérison fut prompte aussi,
      Vive Loüis.

  Sa guérison fut prompte aussi,   *bis.*
Moins prompte que nôtre envie!
Oh! vive le Roy, vive le Roy,
François reprenez vos esprits,
      Vive Loüis.

  François reprenez vos esprits,   *bis.*
Dites dans vos Chansonettes,

Oh ! vive le Roy, vive le Roy,
Parmi vos innocens plaisirs,
  Vive Loüis.

 Parmi vos innocens plaisirs,   *bis.*
Repetez sur vos Muzettes,
Oh ! vive le Roy, vive le Roy,
Les Echos diront à l'envy.
  Vive Loüis.

 Les Echos diront à l'envy,   *bis.*
Il merite nôtre hommage,
Oh ! vive le Roy, vive le Roy,
Déja nos cœurs luy sont acquis,
  Vive Loüis.

 Déja nos cœurs luy sont acquis,   *bis.*
Sous un si doux esclavage,
Oh ! vive le Roy, vive le Roy,
C'est regner que d'être soûmis,
  Vive Loüis.   FIN.

APPROBATION.

J'Ay soussigné Maître és Arts en l'Université de Paris, ay lû par ordre de Monsieur le Lieutenant General de Police, *un Recueil de Chansons à la loüange du Roy LOUIS XV*, dont on peut permettre l'Impression. A Paris ce 30. Septembre 1721.   Signé PASSART.

PERMISSION.

Permis d'imprimer. Ce 1. Octobre 1721.
    DE BAUDRY.

CHANSON NOUVELLE

Sur l'Air : *Joseph est bien marié, &c.*

LE Roy va se marier,   bis
Je croi que vous le sçavez,   bis
Et que l'Infante d'Espagne
Ait choisi pour sa Compagne ;
Les François en sont charmez,
Le Roy va se marier.

 L'Ambassadeur envoyé,   bis
Auprès de Sa Majesté,   bis
La nouvelle en sera bonne,
Car Saint-Simon l'honneste homme
En Duc a bien prononcé,
Le Roy sera marié.

 Tout le monde l'a bien dit, bis
Que le Ciel l'avoit prédit ;   bis
Cet illustre Mariage
Sera sur la Terre un gage
Secret de l'Eternité ;
Le Roy sera marié.

 Cet illustre & tendre Cœur bis
Fera tout nôtre bonheur :   bis
A Louis ce grand Monarque,
Que Dieu accorde la grace
De sa Couronne peupler ;

Le R o y fera marié.

Au grand Louis de Bourbon,   bis
Allons, bûvons du Mâcon;   bis
A la gloire du Roy d'Espagne,
Il faut boire du Champagne,
A l'honneur des Alliez;
Le R o y fera marié.

Le R o y eſtant marié,   bis
Nous en ferons tous charmez;   bis
Car après ſon Mariage
Nous verrons d'Or le bel âge;
Le R o y eſtant marié,
Nous en ferons tous charmez.   FIN.

LES DESIRS
DE LA FRANCE

Sur l'attente de la Reine. Sur l'air du Noël: Chantons je vous prie, &c.

Peuples de la France
Chantons hautement,
En réjoüiſſance
A ce doux Printemps;
La haute Alliance
Du Sang de Bourbon,
Au grand Roy de France
Faut boire du bon.

Le Conseil de France
S'estant assemblé,
Et l'Espagne ensemble,
Il est arrêté,
Que vous, Noble Infante,
Tige de Lours,
Au grand Roy de France
Vous serez l'amie.

Sur ces entrefaites
Magnifiquement
Les Troupes s'empressent
D'aller promptement ;
Car dans la Bourgogne,
Ville de renom,
Le jour vient d'éclore
Ce précieux don.

Pierre incomparable
Au brillant Rubis,
Venez sans épargne
Promptement ici,
Perle de l'Aurore
Plus blanche qu'un Lys,
Orner la Couronne
Du grand Roy Louis.

Venez, Noble Infante,
Long-temps attenduë,
Venez de la France
Estre reconnuë :
Faites diligence,

A ij

Redoublez vos pas,
Prendre joüissance
De tous vos Estats.
　Les Villes & Campagnes
Se réjoüissant,
Hauts-bois & Timbales
Iront raisonnant ;
De la noble Reine
Chacun va disant,
Que le Diadême
Portera cent ans.
　Paris grande Ville
Sera vôtre séjour,
Palais magnifique,
Et superbe Cour,
Où Princes & Princesses
Suivront vos pas :
Venez, Noble Reine,
Et ne tardez pas.
　Toute la Noblesse
Et le Parlement,
En joye & allegresse,
Chacun dans leurs rangs,
Vous diront sans cesse,
Et à haute voix :
Venez, noble Reine,
Combler nos souhaits.
　Madame la Duchesse,
Bonne Vantadour,

Prions Dieu sans cesse
De la revoir tous,
Ayant de la Reine
Le Gouvernement ;
Que Dieu la conserve,
Et prolonge ses ans.
FIN.

CHANSON NOUVELLE.
Sur l'air : *Que j'estime, mon cher voisin l'honneur de vous connoître.*

LOuis le plus jeune des Rois,
Mais le plus adorable,
Armé d'un Casque, ou d'un Carquois,
Qu'il sera redoutable. *bis*
Portons-lui comme les trois Rois
L'Encens, l'Or & la Myrrhe ;
Bellonne prévoit ses Exploits,
Et déja les-admire. *bis*
   Le Dieu Mars au son des Tambours
N'excite plus de Fêtes,
Il attend la fleur de ses jours
Pour faire cent Conquêtes. *bis*
   Vulcain lui forge dans les Cieux
Plusieurs armes nouvelles,
Pour vaincre les Audacieux,
Soûmettre les Rébelles. *bis*
FIN.

CHANSON NOUVELLE

Sur la réjoüissance des Parisiens, & le Couronnement de LOUIS XV. *Roy de France & de Navarre. Sur l'air:* Jean ce font vos rats, &c.

EN réjoüissance
Il faut aujourd'hui,
Par toute la France
Chanter jour & nuit,
Nôtre jeune Roy dans son Regne
Dieu le conserve en santé ;
Bons François chantons
Pour le nouveau Roy de France,
Bons François chantons
Vive LOUIS XV. du nom.

 Allons à Vincennes,
Camarades, allons,
On voit, chose certaine,
Le jeune Bourbon ;
La beauté de son visage,
Son petit regard si doux,
Fait que nous chantons,
Marque de réjoüissance,
Fait que nous chantons,
Vive LOUIS XV. du nom.

 Chacun va pour voir
Nôtre nouveau LOUIS,

Et l'on se fait gloire
D'en faire récit ;
A nôtre Roy plein de charmes
Il nous faut rendre l'honneur ;
Prions le Seigneur,
Qu'il soit comme son grand Pere ;
Prions le Seigneur,
Que par tout il soit Vainqueur.
   Partant de Vincennes
Pour le Parlement,
Jetta à mains pleines
Quantité d'argent,
Pour marque de sa bienveillance,
De la bonté qu'il a pour nous ;
Enfin chantons tous,
Vive le nouveau Roy de France,
Enfin chantons tous,
Dieu le conserve pour nous.
   Nous allons en France
Vivre bien contens,
Nous avons pour défenses
Monsieur D'ORLEANS ;
De nôtre Roy a la Tutelle,
Toute la France est sous ses loix ;
Pour tous les François
Il a de la bienveillance,
Pour tous les François
Le Régent donnera la Paix.
   Dans toute la France

Réjoüissons-nous,
Biens en abondance
L'on verra par tout,
Aucune abstinence,
L'on ne jeûnera plus;
Mettons sur le cul
Le chagrin & la misere,
A present songeons
A crier vive BOURBON.
        FIN.

Chanson Nouvelle faite sur l'Entrée de Mehemet Effendy Ambassadeur Extraordinaire du Grand-Seigneur Ottoman auprès du Roy de France, faite le 16 Mars 1721. Sur l'air : Dans la grande Ville de Paris, &c.

TOUTE la Noblesse de Paris
  Et les Peuples se sont réjoüis
De voir cet Ambassadeur
Qui a marché d'un grand cœur,
De voir cet Ambassadeur
Conduit avec honneur.
  Le Roy pour cette illustre Entrée
Beaucoup de Troupes a commandées,
Cavaliers & Fantassins,
Qui sont venus de bien loin,
Pour recevoir les honneurs,

De cet Ambassadeur.

 Les Mousquetaires, Chevaux-Legers,
Ont marché tous d'un air tres-fier;
Les Gensdarmes & Gardes-du-Corps,
Qui se sont distinguez pour lors,
Avec leurs habillemens,
Tous magnifiquement.

 Tout chacun estoit occupé
De voir marcher les Grenadiers
A cheval, & les bons Enfans,
Qui sont les Dragons d'Orleans,
Marchant devant ce Seigneur
D'un cœur rempli de valeur.

 L'Ambassadeur de l'Ottoman
Au Roy a fait de grands presens,
Envoyé par le Grand-Seigneur
Son Maître, rempli de cœur,
A Louis XV. de Bourbon,
Qui est très de renom.

 Les Cavaliers du Regiment
De la Cornette-Blanche très-vaillant,
Ont tous suivi d'une ardeur
Cet Illustre Ambassadeur,
Ont tous suivi d'une ardeur
L'Illustre Ambassadeur.

 L'on respecte ce Seigneur
Par son merite & sa valeur,
Pour venir complimenter
Son Illustre Majesté

De la part de l'Ottoman,
Grand Seigneur tout-puissant.
FIN.

CHANSON NOUVELLE

Sur le Mariage du Roy avec l'Infante d'Espagne. Sur l'air, Dans le bel âge.

DANs son jeune âge,
Le Roy plein de bonté
Son Mariage
Vient de nous déclarer :
Allons tous deux à deux,
Marys, jeunes & vieux,
Chacun lui rendre hommage,
Renouvellant nos vœux
Dan son jeune âge.

D dans l Espagne
Nôtre Roy a choisi
Une Compagne
Appui des Fleurs-de-Lys ;
Cette Princesse amie,
Qui est belle & jolie,
Passe Bois & Campagne,
Pour venir à Paris
Quitte l'Espagne.

Réjoüissance,
Joye, allegresse & ris,

Festin, Bombance;
Arrivant à Paris
Chacun va s'écrier,
Vive Sa Majesté,
Et cette noble Infante,
Qui vient accompagner
Le Roy de France.
   Vive LOUIS XV.
Très-illustre Bourbon,
Vive PHILIPPE V.
Et sa noble Maison;
Vive, vive le Roy,
Monsieur de Villeroy,
La paix entre les Princes,
Voilà tous nos souhaits;
Vive LOUIS XV.
   François faut boire
Chacun à leur santé,
A leur mémoire,
Et leur prosperité;
Rions, chantons, bûvons,
Pour l'amour de BOURBON,
De Marie-Anne Victoire;
A ces illustres Noms
François faut boire.

FIN.

JE soussigné Maître és Arts en l'Université de Paris, avoir lû par ordre de Monsieur le Lieutenant General de Police, un Manuscrit, qui a pour titre : *Les Desirs de la France*, &c. dont on peut permettre l'Impression. A Paris, ce 9 Janvier 1722. *Signé*, PASSART.

Vû l'Approbation du Sieur Passart, permis d'imprimer. Ce 9 Janvier 1722. *Signé*, D BAUDRY.

CHANSON

Sur l'arrivée de l'Infante d'Espagne en France, qui a fait son Entrée à Paris le 2 Mars 1722 : Et à l'occasion des deux Mariages.

Sur l'air, *Landerirette, Landeriri* ; ou sur l'ancien, *Lon lan la derirette* ; ou encore sur, *Aux Champs Elisez l'autre soir*, &c.

INFANTE, vous trouverez bon   bis
Que l'on vous parle sur un ton,
   Landerirette,
Qui n'ait rien que de réjoüi,
   Landeriri.

En vous voyant toute la France   bis
Est dedans la réjoüissance,
   Landerirette :
Vous en bannissez le souci,
   Landeriri.

Bannissez aussi vos regrets,   bis
Vous en avez trop de sujets,
   Landerirette,
Plus vous vous approchez d'ici,
   Landeriri.

On peut bien oublier l'Espagne, *bis*
Prête à devenir la Compagne,
    Landerirette,
D'un Roy de France & de Paris,
    Landeriri.

On ne peut le voir sans l'aimer, *bis*
Il a le don de tout charmer,
    Landerirette;
Dans peu vous la serez aussi,
    Landeriri.

INFANTE déja Souveraine, *bis*
On vous traitera comme Reine,
    Landerirette;
Le Roy le veut, l'entend ainsi,
    Landeriri.

Sur le Portrait qu'il a de vous, *bis*
Il s'est déclaré vôtre Epoux,
    Landerirette;
Les Dieux vous avoient fait pour lui,
    Landeriri.

Vous avez fait par la peinture *bis*
Autant que pouvoit la Nature,
    Landerirette;
Vous n'aurez point d'égale ici,
    Landeriri.

Conservez bien vôtre beauté, *bis*
De vos yeux la vivacité,
    Landerirette;
Un grand Roy en doit être épris,

Landeriri.
Que la seule ardeur de lui plaire *bis*
Fasse vôtre soin ordinaire,
Landerirette ;
L'Amour doit mettre tout à profit,
Landeriri.

Il brûle déja de vous voir ; *bis*
Quand vous pourrez le concevoir,
Landerirette,
Vous ferez de même pour lui,
Landeriri.

Plus vous grandirez, belle INFANTE, *bis*
Devenant toûjours plus brillante,
Landerirette,
Plus vous enflammerez LOUIS,
Landeriri.

Amour, prends soin de ces beaux feux, *bis*
Pour les unir un jour tous deux,
Landerirette,
Et nos vœux seront accomplis,
Landeriri.

En certain âge pour attendre *bis*
Un cœur n'en devient que plus tendre,
Landerirette,
Et ce qu'il aime, plus cheri,
Landeriri.

En attendant ces heureux jours, *bis*
Tendres produits de vos amours,
Landerirette,

A ij

Aux vertus livrez vôtre esprit,
  Landeriri.
 Obéïssez en jeune INFANTE *bis*
A vôtre illustre Gouvernante,
  Landerirette,
Pour en plaire mieux à LOUIS,
  Landeriri.
 Vous avez en Elle un miroir *bis*
De ce qu'il faut être & sçavoir,
  Landerirette;
Ses sentimens sont accomplis,
  Landeriri.
 Suivez ses avis, mais sans peine, *bis*
Vous en serez plus grande Reine,
  Landerirette;
Car nôtre Roy les a suivis,
  Landeriri.
 Pour vous, Princesse d'Orleans, *bis*
Vivez contente & bien long-temps,
  Landerirette :
Vous souhaiter plus, je ne puis,
  Landeriri.
 En attendant d'être regnante, *bis*
Faites des Fils, faites une Infante,
  Landerirette ;
De Roys vous ferez Mere aussi,
  Landeriri.
 Que par cette double Alliance *bis*
Vont fleurir l'Espagne & la France,

Landerirette;
Ces Roys sont pour jamais unis,
Landeriri.

Petits & Grands tout le ressent, *bis*
Chacun en benit le Regent,
Landerirette,
Et dit, Grands Dieux! qu'il a d'esprit,
Landeriri.

Toute l'Europe le contemple, *bis*
Car sans pareil est son exemple,
Landerirette ;
Ils seront plus que Pere & Fils,
Landeriri.

Les Envoyez, les Résidens, *bis*
Chacun en fait son compliment,
Landerirette ;
On ne voit qu'Ambassades ici,
Landeriri.

Je n'en dirai point davantage, *bis*
Muse badine, soyez sage,
Landerirette,
Laissez aux Prudens ce récit,
Landeriri.

INFANTE, je ne parle point *bis*
De ce qu'on prépare avec soin,
Landerirette,
Pour vous recevoir à Paris,
Landeriri.

Vous en jugerez par vous-même ; *bis*

A iij

Et si nôtre joye est extrême,
  Landerirette,
Nos cœurs le diront par nos cris,
  Landeriri.
 Vous entendrez, mais à voix pleine, *bis*
Vive le Roy, vive la Reine,
  Landerirette,
Et vive le Regent aussi,
  Landeriri.
   F I N.

CHANSON NOUVELLE

Sur les réjoüissances des François à l'arrivée de l'Infante d'Espagne, Fille aînée de PHILIPPES V. *Sur l'air Je la voudrois bien connoître la Maîtresse à mon Amy, &c.*

Venez, venez, Noble INFANTE,
 Réjoüir tous les François,
Nous mettons en Vous nôtre attente,
Pareillement nos souhaits.
Quand on vous voit venir
Les cœurs sont pleins d'allegresse,
Quand vous estes à Paris
Les cœurs sont tous réjoüis.
 L'on fait pour vôtre arrivée
Grande préparation,

Puisque vous estes destinée
Pour nôtre jeune BOURBON, &c.

   Tous les Peuples de la France,
Ont tous le cœur bien joyeux,
En menant réjoüissance
Chacun vous offre ses vœux, &c.

   Le long de la ruë S. Jacques
Pour l'aller voir passer,
De bonne heure prenez vôtre place
Pour ne point estre trompé, &c.

   Pour le jour de son arrivée
Corps de Métiers & Marchands,
Tenez vos boutiques fermées,
Et allez tous au-devant :
Quand vous la verrez venir,
D'un cœur tout plein d'allegresse,
Vous la verrez dans Paris
D'un cœur tout réjoüi.

   Ah ! les charmantes Assemb'ées
Dedans ce jour de bonheur,
Dans toutes les ruës rangées
Pour lui rendre leurs honneurs, &c.

   Dedans Paris noble Ville
L'on peut dire assurément,
Que l'on voit toutes les Familles
Vous souhaiter ardemment, &c.

   Nous avons donc une Reine,
A elle il nous faut trinquer
Chacun dix coups tasse pleine,

En bûvant il faut chanter, &c.
 Vôtre noble Gouvernante,
Madame de Vantadour,
Bonne Duchesse charmante,
Aura un grand soin de vous, &c.
 Arrivée dans cette Ville,
Arrivée, ne tardez pas,
Avec une ame civile
Tout le monde vous tend les bras ;
Quand je vous vois venir,
J'ai le cœur tout réjoüi.

FIN.

Dialogue du Roy de France LOUIS XV. *avec* L'INFANTE D'ESPAGNE, *touchant leur nouvelle Alliance.* Sur l'air, *Vive le Roy*; ou sur l'ancien air, *Après avoir dessus l'herbette trempé mon pain bis dans ton lait*, &c.

LE ROY.

VEnez, venez, Beauté naissante,
 Venez tendre objet de mes vœux,
Sans vous la France est languissante,
Venez rendre un chacun joyeux ;

Venez partager avec moi la Couronne
Que le Seigneur m'a conservée
Par sa bonté.

L'INFANTE.

Grand Roy, je suis partie d'Espagne
Remplie d'allegresse & d'amour,
Et je me suis mise en campagne
Avec Madame de Vantadour ;
Elle a un très-grand soin de moi
Dessus la route,
Elle ne me quitte point des yeux
Dans aucun lieu.

LE ROY.

Puissante Infante que j'honore,
J'aspire au bonheur de vous voir;
Je prie le grand Dieu que j'adore,
Qui tient tout dessous son pouvoir,
Qu'il vous amene en santé
Par sa puissance,
Avec Madame de Vantadour
Dans peu de jours.

L'INFANTE.

J'ai traversé la Mer profonde,
Grand Roy, pour vous aller trouver,
Et s'il y avoit un autre monde,
Je partirois pour vous chercher :
Vos attraits sont doux & puissans,
Et plein de charmes ;

Vous ne promettez rien que de bon,
Puissant BOURBON.

LE ROY.

Par tout dans mes Villes & Campa-
gne
Mon Peuple aspire de vous voir,
Dans la Bourgogne & la Champagne
Chacun se range à son devoir ;
En Normandie, & dans l'Anjou
Et la Touraine,
Chacun saluë, plein de gayeté,
Vôtre santé.

L'INFANTE.

SIRE, si vôtre amour est ardente,
Je correspond à vôtre ardeur,
Vous verrez bien-tôt vôtre Infante :
Et moi tout l'objet de mon cœur,
Puisque le Ciel nous unit,
J'en suis contente,
Et j'obéïs à mes Parens
Joyeusement.

LE ROY.

Reine, tous les Princes & Princesses,
Et tous les Seigneurs de la Cour,
Ils sont tous en joye & liesse ;
En attendant cet heureux jour ;

Les Bourgeois & les Artisans
Chacun vous aime,
Et desirent de tout leur cœur
Vous faire honneur.

ADIEUX DE L'INFANTE.

MOn cher Pere, Grand Roy d'Espagne,
Helas ! je vous fais mes adieux ;
Adieu ma Mere, aimable Reine,
Je vous quitte les larmes aux yeux ;
Adieu Prince des Asturies ;
Adieu mes Freres ;
Adieu l'Espagne desormais
Pour un jamais.

 Adieu tous les Grands du Royaume,
Princes & Princesses, & Grands Seigneurs,
Je vas partager la Couronne
D'un Monarque plein de douceur ;
C'est LOUIS XV. DE BOURBON,
Que l'on renomme,
Rejetton de LOUIS LE GRAND
Grand Conquerant.

LES PEUPLES DE FRANCE.

VEnez, Princesse très-charmante,
 Dépêchez-vous, hâtez vos pas ;
Très-noble & très-illustre Infante,

Nôtre Grand Roy vous tend les bras;
Ce Monarque plein de douceur,
Et de tendresse,
Vous recevra de tout son cœur
Avec honneur.

 Dedans Paris la noble Ville
L'on ne voit que joye & plaisirs,
Hommes, Garçons, Femmes & Filles,
S'occupent à cacher leurs ennuis;
Chacun chante vive le Roy,
Vive la Reine,
Que Dieu conserve en santé
Leurs Majestez.

F I N.

Vû l'*Approbation du* Sieur Passart,
Permis d'Imprimer, ce 27 *Fevrier* 1722.

   DE BAUDRY.

CHANSON NOUVELLE.

Sur l'Air *Ayez donc pitié de ma peine*, ou *de Grimaudin*.

J'Avois l'autre jour chez Climene
Un rendez vous,   *bis.*
Je ne fus pas chez elle à peine,
Que son Epoux,   *bis.*
Pressé d'un mouvement jaloux,
Revint un peu trop tôt pour nous.

  Quoyque je fasse ici le brave,
J'avois grand peur,   *bis*
Elle me cacha dans la cave
Pour mon bonheur,   *bis.*
J'y trouvé certaine liqueur
Qui me fit revenir le cœur.

  Pour passer l'ennuy de mon ame,
Vous m'auriez vû   *bis.*
Boire à la santé de la Dame
Et du Cocu,   *bis.*
Après avoir largement bû
Je me sentis tout étendu.

  Quand le Soleil vint à paroître
Sur l'horison,   *bis.*
Climene en riant me vint mettre
Hors de prison,   *bis.*

A A

En me disant petit mignon,
Reviens ce soir dans ma maison.

   Quand je vis plonger dans l'onde
L'astre qui luit,   *bis.*
J'allay chercher ma tendre blonde
A petit bruit,   *bis.*
Je la trouvai dessus son lit,
Devinez ce qu'il s'ensuivit.

   Mais le grand feu de ma tendresse
Etant perdu,   *bis.*
Regrettant la cave sans cesse,
J'aurois voulu,   *bis.*
Que sans être encore attendu
Le bon Cocu fût revenu.

✿✿✿✿✿✿✿✿✿✿✿✿

ROQUANTIN NOUVEAU

Ecoutez la finesse d'une femme à
  Paris,
Elle chante sans cesse
Pour tromper son.

   George & Lucas
N'ayant pas grande affaire
S'en furent tous deux boire au cabaret,
Ils s'en n'ivrerent de vin clairait,
Et quand se vint pour fouiller au

   Baise moi tandis que tu me tiens
Tu ne me tiendras plus guere

A. A.

Un jour viendra, un jour viendra
Que tu le voudras je ne m'en
  Pierrot revenant du Moulin   *bis.*
Rencontra fille en son chemin Pierrot
Pierrot reviendra tantôt,
Tantôt
  Marotte fait bien la fière
Pour un petit bien qu'elle a
Elle s'imagine la pauvre fille
Que son petit bien là.
  Je suis marié mon compere
Depuis peu il n'y a pas long-tems
Marié à S. Innocent, où je n'y pensois
  Enfin me voilà pourtant   guere
Jeunes filles qui portez
Blonde chevelure,
L'amour vient de tous côtez,
  Rendre hommage à vôs
Ma méchante femme
Ne fait que gronder
Mais quand elle gronde   Je la
  Connoissez-vous Marotte
Mignone la femme à tretous
Connoissez vous Marotte
Cette fille jolie,
  Je suis galonné de paille
Bien proprement
En chantant je fais.
  Jean jean jean vous ne dormez guere

Jean jean jean vous ne dormez pas
Jean ce sont vos rats qui font que

 Nanon dormoit sur la verte fougere
Près d'un ruisseau en gardant ſo troupeau
Le vent souffloit sa jappe trop legere
Se mit à voltiger, je vis

 Un gros lourdau de village
L'autre jour en badinant
Deroba le pucelage
D'une fille de quinze ans, en lui disant

 De quoi vous plaingnez vous,
Belle Iris quand on vous aime,
De quoi vous plaingnez vous
Quand on n'aime que vous, Vous avez

 J'endor le petit mon fils
J'endor le petit.

Chanson Sur l'Air La Fille de Village.

Voulant faire un voïage
 Et ne craignant pas l'eau,
J'allai sur le rivage
Pour y prendre un batteau,
Une jeune pucelle
Me dit en m'abordant,
Choisissez ma nacelle,
Monsieur entrez dedans.
 Je lui dit belle Dame,

Ne me trompez vous pas,
Avec vos foibles rames
Ne me noierez-vous pas.
Elle aussi tôt replique,
Vous pourrez voir ici
L'Artique & l'Antartique,
Le vaisseau est Petit.

　Mais avant que je parte,
Belle promettez moi,
De m'enseigner la carte
De tout ce que je vois,
Elle se prit à rire
De ma naiveté,
Et promit de m'instruire
Avec sincerité.

　Je suivi cette belle,
J'entrai dans son Vaisseau,
Elle mit à la voile,
Je me vis en pleine eau,
Aussi-tôt je découvre
Deux côteaux ronds & blancs,
La neige qui les couvre,
En fait tout l'ornement.

　C'est ici me dit elle,
L'isle des soupirans
C'est ici que les belles
Amusent leurs amans,
Cette Isle est toute pleine
De viellards exilez

Qu'amour de son Domaine
A pour jamais chassé.
  Ici le badinage
Fait les plus doux momens,
Quand on est assez sage,
On n'en prend qu'en passant;
Hâtez votre voyage,
Sans vous y arrêter,
Brusquez votre passage,
C'est votre pis aller.
FIN.

CHANSON NOUVELLE.

LA belle Isabelle
Au bord d'un ruisseau,
Par le bout de l'Aile
Tenoit un oyseau,
Terese plus sage
En ayant pitié,
Le mit dans sa cage,
Quelle charité.
  Qui fut bien surprise,
Ce fut Isabeau,
Faisant mine grise,
Les yeux baignés d'eau
L'oyseau pâmé d'aise
Pleurant à son tour,

Fit pleurer Terese,
Quel excès d'amour.
   Mais l'oiseau volage
Devint inconstant,
Sortant de sa cage
A chaque moment;
Terese étonnée
Disoit tendrement,
Que je suis charmé
De ses mouvemens.
   Dessus Isabelle
Fut se reposer,
Mais cette pucelle
Voulut se venger
Lui dit va volage,
Moineau passager,
Je n'ai point de cage
Pour te retirer.
   Terese la prise,
Marque ton amour,
Et de ta folie,
Voilà le retour,
L'oiseau trop volage
sortant de prison,
Te laissa pour gage
Son mortel poison.
   Dis-tu de ta gloire
Je chante & je ris,
Et de ta victoire
Tu laisse le prix :

La belle Isabelle
Qui t'a pû charmer,
Ne te tenoit l'aile
Que pour te plumer.
FIN.

Chanson, Sur l'Air *du bilboquet.*

Maman je me meur d'envie,
De joüer avec Colinet
Au jeu du bilboquet
Ha l'aimable folie,
Six fois de suite il y met,
Et quand la partie
Lui paroit jolie
Il met jusqu'à sept.

   Quoi donc petite folette,
Vous voulez joüer à ce jeu,
Il est trop dangeureux,
Vous êtes trop jeunette,
S'il vous faut de l'amusement.
Joüez y seulette,
Comme une Nonette
Fait dans son couvent.

   Quoique maman me conseille,
Avec moi colinet joüera
A ce joli jeu là,
Il joüe à merveille,
Toute seule je me déplais,

Car la main me lasse,
Et quoique je fasse,
Jamais je n'y mets.
   Ha colinet qu'est ce à dire,
Est-ce ainsi qu'on joüe à ce jeu,
De grace arête un peu,
Je pleure au lieu de rire
Tu as brisé mon Bilboquet,
La corde est rompuë,
La balle est perduë,
Hela ? qu'à tu fait,
   Quoi pour une balle égarée
Iris je vous en offre deux,
Recommençons un peu,
Ne soiez point fachée,
Rajustons nôtre Bilboquet,
Et prenez la belle,
Au lieu de ficelle
Un bout de lacet.
FIN.

CHANSON NOUVELLE,
Du BILBOQUET

Sur l'Air. *Vous m'entendez bien.*

DU jeu nouveau du Bilboquet
Je connois fort bien le secret,
De dix fois belle brune hébien,

Je n'en manque pas une,
Vous m'entendez bien,
Du jeu de bilboquet si doux,
Charmante Iris, en joüez vous
Il est doux à comprendre, hébien,
Et facile à apprendre,
Vous m'entendez bien.

 Il est deux bouts au Bilboquet,
Il en faut sçavoir le secret,
Si l'on me veut permettre, hébien,
A tous deux je sçais mettre,
Vous m'entendez bien.

 L'on voit les filles & les garçons
Presque dans toutes les maisons,
Joüer avec adresse, hébien,
A ce jeu sans finesse,
Vous m'entendez bien.

 Le Bilboquet pour le présent
Est fort en vogue surement,
Le jeu est sans finesse, hébien,
Mais il faut de l'adresse,
Vous m'entendez bien.

 Le Bilboquet est si commun,
Je crois qu'il n'y en a pas un
Qui ne feroit gageur, hébien,
D'y mettre pour le seur,
Vous m'entendez bien.

 Dans les quatres coins de paris
Le Bilboquet regne aujourd'h'hui

Chacun met en usage, hébien,
Ce charmant badinage,
Vous m'entendez bien.

CHANSON NOUVELLE,
sur l'air, *Au gué lan la.*

A Faire un long voiage,
Dans les beaux jours,
Un pilotte m'engage,
Nommé l'amour;
C'est demain que nous partirons,
Parbleu nous boirons,
Fanchon y viendra ;
Augué lan la lanlire ;
Augué lan la.

Mais déja les étoilles
Vont s'obscurcir,
Amour levé les voiles,
Il faut partir,
Ha le joli vaisseau,
Ha qu'il sera beau,
Quand il voguera,
Augué lan la, lan lire,
Augué lan la.

Fanchon sur la flote,
Ne craignons rien,
L'amour est un pilote
Qui conduit bien,
Mais tandis que les vents sont doux,

Vite embarquons nous
Ha nous y voila !
Augué lan la lanlire,
Augué lan la.
   Mais l'air matin me donne
Le mal de cœur,
Ma Fanchon, ma mignonne,
Voi ma langueur,
Ah tu t es pâmé comme moi;
Je meurs contre toi,
Ah ! Dieu m'y voila, Augué lan la.
   La vigueur de mon ame
Veux revenir,
Ah ! ta beauté m'enflame
Avec plaisir,
Va prenons un peu nos esprits,
Pour voir le pays.
Où l'on payera; augué lan la
Voi tu de cette côte
Les habitans,
C'est la que par leur faute
Les mécontens,
Pour avoir méprisé l'amour,
Souffrent nuit & jour,
Sans faire cela augué lan la l'en l'air.
   Vois tu bien le rivage
Beau & charmant,
Ces yeux sont le partage
Des vrais amans,

Et bientôt nous arriverons,
Et nous mouïllerons
En ce païs-là, Augué lan l'aire. FIN

CHANSON NOUVELLE.
Sur l'Air *C'est Cupidon qui m'inspire.*

Connoissez-vous cette Fleche
Dont se sert l'amour vainqueur
Quand il veut faire une breche
Dans un jeune & tendre cœur
C'est mon lan la landerirette.
C'est mon lan la landerira.

   Absent de celle que j'aime
Que mon sort est rigoureux,
Je sens une peine extrême
Si je ne vois ces beaux yeux
Et son lan la landerirette &c.

   Dés que je la vis paroître
Qu'elle m'inspira d'ardeur,
Oserai-je me promettre
De pouvoir toucher son cœur
Et son landa landerirette, &c.

   Quand on la voit, on admire
Le brillant de ses beaux yeux,
L'amour y fait son empire
Mais il se peut encor mieux

Dans son lan la landerirette, &c.

   Vos beaux yeux belle inhumaine
Ne veulent rien m'accorder,
Que la vertu cause de peine,
Voulez-vous long-tems garder
Un beau lan la landerirette, &c.
   Si j'étois à votre place
Que vous fussiez mon amant,
Je ne ferois point de glace
Je vous ferois un present
D'un beau lan la, &c.

✼✼✼✼✼✼✼✼✼✼✼✼✼✼✼✼✼

Autre Sur l'Air *Colin venant de la Ville*

MOn Berger tendre & fidéle
Propre à donner de l'amour
Trouve ma laine si belle,
Et me fait si bien la Cour,
Qu'il m'enfile, file, file,
Qu'il m'enfile nuit & jour.
   Mon berger est un habile
Il m'enfile du plus fin,
Je mouïlle, & lui il file
Je passe ainsi mon chagrin,
Et je file, & file, file
Et je file avec Colin.
   Dedans mon fichu village
L'on file mal-proprement
J'ai mal au cœur de l'ouvrage

Reviens donc mon cher Amant
Et m'enfile, file, file
Et m'enfile promtement.　　　F I N.

Chanson Sur l'A'ir ; du Jardinier

Prenez moi pour jardinier
Belle je sçai mon métier,
J'entens joliment
En un seul moment
Faire éclore une rose
Et je ne me plais jamais tant
Que lorsque je l'arose, lan la
Que lorsque je l'arose.

Je suis assez entendu
Et tout dis plus assidu
Le repos souvent
M'est indifferent
S'il s'agit d'un parterre
Quand je tiens un compartiment,
Je ne la quitte gueres, &c.

Je ne bêthe en nul endroit
Dont on ne soit satisfait ;
De votre tailli
Qui paroît garni
J'élargirai l'allée
Enfin je vous la gerent
Tous les jours ratissez, &c.

Automne, hyver, ou printems
Je sçai planter en tout tems
Je suis bien instruit
Soit fleur, ou soit fruit
Soit panet ou Carotte,
Enfin je sçai mettre à profit
La plus petite mote, &c.

 Belle voulez vous m'arêter
Je pourois sans me vanter
Rendre le melon
Et le cornichon
Digne de votre bouche,
Et vous verrez le champignon
Creître sur votre couche, &c.

 Je hante en perfection
Et ne greffe que d'un greffon,
Je mets sans façon
Presque jusqu'au fond
Sans gôme ni Cirûre;
Je ne laisse que deux boutons
hors de l'ouverture, &c.

 Je greffe la tête en bas
Ce que les autres ne font pas
Cependant jamais
Le greffe que je mets
Ne se perd dans la fente,
Et plus il est serré de près
Et plus la seve augmente, &c.

FIN.

Autre Sur l'Air; de l'Oublieux.

J'Ai fait à la fortune
Mats, voile, & gallion.
Tandis qu'au clair de lune
Je cherche Marion
La trouvant toute nuë
Au milieu de la ruë
J'en eu pitié l'hyver
Crainte de la froidure,
Je lui donnai fourure
Et la mis à couvert.

Je vis le pan maure
Dès le commencement
Je passai le bosphore
Fort Cavalierement
Touchant la forteresse
Et m'y trouvant en presse
Avec deux matelots
Perdis la tremontade,
Je dansai la pavane
Et me mocquai des flots.

Expert en pilotage,
Je me remis en mer
Tandis mats & cordages
Et commence à voguer
Je fis si beau voyage,

Qu'au milieu du naufrage
L'on me vit revenir
Dessous la même étoile
Qui me servit de voile
Quand on me vit partir.
   Je vous aime la belle
vous ne le sçavez pas
Je suis aussi fidele
Que vous avez d'apas
Eprouvez ma tendresse
Vous êtes ma maîtresse,
Unissons-nous tous deux
Et souffrez que ma flâme
Se glise dans votre âme
Pour nous unir tous deux.
   Je veux bien que ta flâme,
Pour allumer mes feux,
Se glisse dans mon âme
Pour nous unir tous deux,
Pourvû que mon attente
Me rende bien contente
Je te promets Amant
Que toujours ta maîtresse
Soupira sans cesse
Et te rendra heureux.
   Reçois donc sur ta bouche
De ces baisers si doux,
Fais que ton sein je touche
Malgré tous mes jaloux,

Mais mon amour l'emporte.
Je vais ouvrir la porte
De l'Isle de l'amour,
Il faut que je l'enfonce,
Et que malgré les rames
Je fasse quelque tour.

   Vostre vaisseau la belle
Est un vaisseau sans mât
Ne soyez point cruelle
L'on vous en plantera
Ma science est profonde
Et quelque vent qui gronde,
Elle vous garentira
De faire aucun naufrage
Si dans un long voiage
Vous redressez son mât.

   Je suis un fort bon drille
Et J'aime constamment,
Mais je veux qu'une fille
M'aime aussi tendrement;
Quand par un air severe,
Et sans faire la fiére
J'abandonne ses loix
Et sans aucun mistère
Je l'envoye bientôt faire
Un autre Amant que moi.

      F I N.

Chanson.

J'Ai perdu ma liberté,
 Sans celle je soupire
Pour une ingrate cruauté
Que tout le monde admire
Ah quelle étrange beauté
D'aimer sans oser le dire.

 A peine avoit-elle atteint
Le printems de son âge,
Que l'amour étoit déja peint
Dessus son beau visage
Les roses & les lys de son tein
Causent mon esclavage.

 Si elle avoit les yeux moins beaux,
La gorge moins jolie,
Je n'aurois point tant de rivaux
Ha je voudrois que ma Philis
Ne fust pas si jolie   F I N

chanson.

QUand nous fumes dans ce piemont
 Vrai Dieu que nous étions bien aise
Nous nous divertissions bien avec ces
  jeunes piemontoises
Mais ce bon tems ne dure guere

Quand nous fumes commandés
Par Monseigneur de Crequi
Camarades il faut partir   bis.
　Nous ne partirons point d'ici
Que nous n'ayons notre décompte
Les officiers se prirent à dire
Dragons prenez le grand chemin
Votre décompte vous attend
Sur le pont de beau voisin.   bis.
　Quand nous fumes au pont de beauvoisin
Point d'argent, point de décompte
Vous voulez bien que je vous dise,
Capitaines & Lieutenans
Vous avez de beaux habits
Galonnez de notre argent.   bis.
　　　　　F I N.

CHANSON NOUVELLE
Sur l'Air; *Quand nous fumes dans ce Piemond.*

Nous autres bons Villageois
Que je menons joyeuse vie
Au plus gros Monsieur Bourgeois
Je ne portons aucune envie,
Je vivons en grande amitié
Avec nous tout est par moitié
Je n'avons point d'autre joy
Que celle de la bonne foi.   bis.

Quand je revenons des champs
Je trouvons une minagere
Qui des meilleur fruit du tems
Nous offre en riant chere entiere,
Après souper sur nos genoux
Elle batifole avec nous,
Et dès que je sommes en train
Elle se boute au lit soudain.   *bis.*

 Les Dimanches sous l'ormiau
Colin nous fait entrer en danse,
Il enfle son chalumiau,
Tout le village est en cadence
Et dès que je sommes bien las
Je laissons les fille & garçons
Et j'allons nos femmes & nous
Boire ensemble comme des trous.

 Quand j'avons le ver en main,
Ah ! morgué que je sons bien aises
A table en buvans du vin
Nos trétiaux valont bien des chaises.
Je n'y voulons point d'ornement,
Ni tous ces brinborions d'argent ;
N'avons je pas des mains, des dents,
Comme avions nos premiers parens. *bis.*

 Les soins les soupçons jaloux
N'embarassont point notre tête
Nos femmes toutes pour nous
Ne nous font point porter la crête
Si je voions Cocu par fois

C'est tous les ans quelques bourgeois,
Qui venons comme au rendez-vous
Passer les vacances chez nous.　　　　　bis.

❦❦❦❦❦ * ❦❦❦❦

Chanson Nouvelle Sur l'Air; Quand nous
fumes dans ce Piemont.

JE n'ai pour toute maison
Qu'une pauvre & simple chaumiere,
Que dans le pays gascon
On nommeroit gentil-hommére
Là loin du bruit & du tracas
Sans chagrin & sans embaras
Dans mon heureuse obscurité
Je joüis de la liberté.　　　　　　　　bis.

　J'ai dans le même Canton
Une vigne pour héritage,
Je prens soin de la façon,
Les Dieux benissent mon ouvrage
De ce bien j'use de mon mieux
Je ne garde point de vin vieux
La fin de mon dernier tonneau
M'anonce toujours le nouveau.　　　　bis.

　Quand mes amis sont chez moi,
Ils pensent que je les regale,
Car mon cœur leur dit pourquoi
Je leur fais chere si frugale,
A table ils paroissent contens

Nous y buvons fort & long-tems
Je ne m'y mets que le dernier
Et je m'en yvre le premier.   bis.
   Trop penser est un abus,
Qui prenoit tout est miserable,
Le passé ne revient plus
L'avenir est impénétrable,
Le présent est donc le vrai bien
Songeons à l'employer si bien
Que d'un plaisir qui va passant
Un autre renaisse à l'instant.   bis.
   Que la fortune à son gré
En impose à ceux qu'elle jouë
assis au dernier dégré
Je vois de loin tourner sa rouë
Cette Déesse avec éclat
Souvent revêtit un pied plat
Je ris de toutes ces erreurs,
Et je renonce à ces faveurs.   bis.
   Du monde es tu mécontent
Viens visiter mon hermitage
Tu çauras bientôt comment
De la vie on doit faire usage
Ton cœur fût il empoisonné
Du chagrin le plus obstiné
Ni la raison ni le chagrin
Ne tiendront point contre mon vin. bis.

FIN.

Veu l'approbation du Sieur Passart,
permis d'imprimer ce 4. Aoust 1722.
M. P. DE VOYER D'ARGENSON.

CHANSON NOUVELLE
Sur l'Air la Troupe Italienne.

Al m'a dit ça la chienne
La chienne al m'a dit ça,
La chienne al me le payera,
Al m'a dit ça la chienne
Faridondene & Lon lan la,
Al m'a dit ça la chienne
Faridondene & cætera.

Un Bilboquet à la mode,
Margot le portera,
Et ses Sabots vendra,
Al m'a dit ça la chienne
Faridondene &c.

Un Jupon de Futaine,
Un beau Bas de Coton,
Al se coëffe en Tignon,
Al m'a dit ça la chienne
Faridondene &c.   FIN.

Chanson nouvelle Sur l'Air ; J'entens déja
le bruit des armes.

Vous qui cherchez le délectable,
Venez ici prendre leçon,
Se donne tout à l'agréable,
La joye est toujours de Saison,
Je suis un Philosophe aimable

qui viens corriger la raison.
 Le plan de mon joyeux Sistême
Se peut concevoir aisément,
Le plaisir est le bien suprême,
Voilà mon unique argument ;
Dispute tu, ton cœur lui même
Me sert de preuve & te dément.
 Cette verité simple & pure
Chaque instant se présente à moi,
Toujours fidelle à la nature
Sans étude est mon seul emploi,
Mes sens sont la juste mesure
De ses bienfaits & de sa loy.
 Tais toi donc orgueilleux Stoique,
Ta Morale a trop de rigueur,
Ta Sagesse est problematique,
Ton triste sang froid me fait peu,
Envain à l'esprit on s'explique,
Quand on ne parle pas au cœur.
 On n'apperçoit dans Aristote
Qu'embaras & qu'obscurité
Il crut jadis dans sa marote
Avoit conquis la verité ;
Laissons ce viellard qui radote,
C'est le droit de l'antiquité.
 Socrate Platon & Seneque
Avoient des talans précieux,
Ils sont dans ma bibliotêque,
Je les ai placé de mon mieux ;
Ils ont sur moi bonne hipotêque

J'en lirai, quand je ferai vieux.
  Les maximes les plus fuivies
Ne font pas principes certains,
Le fuccez felon nos envies
Ne repond pas à nos deffeins;
Pytagore a fait des impies,
Hypocrate des affaffins.
  Quand je vois les plus grands d'Athene
Avec un refpect empreffé
Courir après leur Diogene,
Quoi ? dis-je d'un ton courroucé,
Encore fi la tonne étoit pleine;
Mais ce n'eft qu'un tonneau percé.
  Qu'apprend-on avec Heraclite
Qui larmoye en joignant les mains,
S'inftruit-on avec Démocryte
Qui rit des Dieux & des humains,
Le contraire eft tout le merite
De ces Rivaux Comtemporains.
  Lorfque Defcartes hors d'haleine
Au milieu de fes tourbillons
Croit les ranger fans nulle peine,
Comme on feroit des bataillons,
Je vois fon efperance vaine,
Il court après des papillons.   FIN.

❦❧ ❦❧ ❦❧ ❦❧ ❦❧

Autre, Sur l'Air; *Affis fur l'Herbette.*

Quand chez toi j'arrive,
Je fuis tout en eau,

Au premier qui vive
Envoye au Caveau
Chercher sur le sable
Flacons favoris,
Qu'on met sur la table
Pour de vrais amis.
  A moi la pipie
Me bouche le trou
Par où dans ma vie
J'ai tant fait glou, glou;
Ma bouche alterée
Ne peut plus parler,
Sans ma bien aimée
Je vais trépasser.   FIN.

Autre, Sur l'Air *de Joconde*.

NOn il n'est rien dans l'Univers
  Qui ne te rende hommage
Jusqu'à la place des hyverds,
Tout est pour ton usage,
La terre fait de te nourir
Sa principale gloire
Le Soleil luit pour te meurir;
Nous vivons pour te boire.   FIN.

Chanson Sur l'Air *du menuet d'Auteüil*.

PRès d'Iris à ton sécours,
  Veux tu toujours,
N'appeller que les amours,

Amis, ne soupirons plus
Courons au Jus de Bacchus;
Je bois, j'aime, fais de même,
Qu'il est doux dans un festin
D'unir la tendresse & le vin;
Je bois j'aime fais de même,
On entend sonner souvent
L'heure du Berger en buvant.
 Ah ! que l'absence en aimant
Est un cruel tourmens
Pour un cœur Constant,
Plus de paix, plus de repos,
Mais au milieu de ces maux;
Qu'il en coûte quand on doute,
Si l'objet de notre amour
Ne nous à point oté son cœur,
Qu'il en coûte, quand on doute,
Si l'objet de nos désirs
Partage tous nos déplaisirs.
 Je ne cheris que Bacchus;
Et par son Jus,
Je croi tot le reste abus;
Je n'ai jamais de chagrin,
Et vais toujours même train;
Qu'elle gloire de bien boire,
D'abord qu'on devient buveur,
De l'amour n'est on pas vainqueur
Qu'elle gloire de bien boire,
Le cœur est aussi content,
Que l'est peu celui d'un amant.

A 3

Des beaux yeux de mon Iris
Je suis épris,
Et malgré tous ses mépris,
Je lui ai donné ma foi,
Et je vivrai sous la loi,
Qu'elle est belle, la cruelle,
Mais, hélas ! sa cruauté
Surpasse encore sa beauté,
Qu'elle est belle, la cruelle
Amour tache à ménager
Près d'elle l'heure du berger.
  Entre Bacchus & l'amour,
Il faut toujours
Partager nos plus beaux jours,
Nous n'avons qu'une saison,
Ensuite vient la raison,
Qui critique la Pratique,
Qu'on fait des tendres désirs,
Ainsi que des charmans plaisirs,
Qui critique la Pratique,
Ainsi dans nos jeunes ans,
Tachons de bien passer le tems. FIN.

※⁕※⁕※⁕※⁕※⁕※⁕

POT POURRI

U*T queant* l'Anglois,
 Raisonables les François,
Mira les Bretons
Familiers les Gascons,
Sauvez les Flamans

Les Picards bons Enfans
Pendez les Normans.   F I N.

Chanson sur le même Air.

Trop injustement
L'on condamne l'amour,
C'est un doux tourmens
Qu'il faut sentir un jour,
Car certainement
Chacun aime à son tour,
Pas un n'est exemt.   F I N.

Chanson nouvelle sur la Saint Martin, Sur l'Air la Faridondaine, &c.

La Fête du grand Saint Martin
Autorise à bien boire,
Mets là la Barique de vin
Et voguons la galere,
Chantons tous de differens tons
La Faridondaine, &c.
C'est un plaisant carivari beribi,
A la façon de barbari, &c.

Si quelqu'un de nous amoureux
Veut voir de près sa belle
Qu'il aille lui conter ses feux
Tête à tête avec elle
Pour moi je m'en tien au Flacons
La faridondaine &c.

Je ne soûpire que pour lui beribi
à la façon de &c.

Je m'en veux mettre jusqu'aux yeux
Amis, dites de même,
Restons pied ferme, je le veux
D'icy jusqu'aux Carême
Envoïons paître la raison,
La faridondaine &c.
Manon Fanchon Charlotte aussi,
A la façon de barbari &c.

Pour bien honorer saint Martin
Carillionons nos Matines,
Que les femmes fassent tin tin
De leurs voix argentines,
Les hommes les gros faux bourdons,
La faridondaine, &c.
A boire au Sonneur que voici, beribi
A la façon de barbari, &c.

Je vous porte à tous la santé
De l'hôte & de l'hôtesse,
Mon cœur en bonne verité
Nage dans l'allegresse,
Redoublons notre Carillon
La Faridondaine &c.
Par top & tinque & grand merci, beribi
A la façon de barbari &c.   FIN.

Sur le même sujet, Sur l'air de Joconde, ou bien mon cher Bacchus tout est perdu, &c.

GRand Saint Martin j'ai fait vœux
De tenir bonne table,

Je jette mon procès au feu
Et ma partie au Diable,
Si jamais on me voit au Palais
Feuilleter le Grimoire
Ce sera contre ce Laquais
Qui me refuse à boire.   F I N.

Autre Sur l'Air, *quand Moïse fit defense &c.*
, Sur l'Air *du Cap de bonne espérance.*

Buvons celebrons, la Fête
Du bien heureux saint Martin,
Que chacun à pleine tête
A la ronde crie au Vin,
Ce Saint fut si charitable,
Qu'il partageoit son Manteau
Pour donner l'aumône au Diable
Qui n'avoit bû que de l'eau.
Or admirons la finesse
Du calain Diable boiteux
Qui n'alloit que d'une fesse,
Après il alla des deux
Courant à perte d'haleine
Aussi vîte qu'un courcier
Vendre dans une Taverne
Son manteau pour s'enyvrer.   F I N.

Chanson nouvelle, Sur l'air, *vogue la Galere &c.*

Noë bon Patriarche
Roula dessus les eaux
Quand il eu chargé l'Arche
De tous les Annimaux,
Il vogua sa galere, &c.

Tant qu'elle pût voguer, &c.
 Deſſous une Montagne
Sont Vaiſſeau s'arrêta,
Là de cette toquave
Le bon Pere planta
Et laiſſa la galere, &c.
Tant qu'elle, &c.
 De Champagne en Bourgogne
Sa Vigne provina :
Le Pere des Yvrognes
L'appelle Cotigna,
Et voguons la galere, &c.
Tant qu'elle, &c.
 O délectable Plante
Cidre du Dieu Bacchus,
Sans toi mon âme errante
Ne ſubſiſteroit plus,
Et voguons, &c.
Tant qu'elle, &c.
        FIN.

Portrait d'une lettre Sur l'air de Grimodin.

Quand le Seigneur eut fait éclore
 tout notre eſprit,
Et ce bon Air qu'en vous j'adore,
Sans doute il dit :
Cette mortelle en verité
Se paſſera bien de beauté.

  Reponſe Sur l'Air, de Joconde.

Je ſuis laide à la verité
Dans un dégré ſuprême,
J'avouë avec ſincerité,
J'ai honte de moi même,
Mon miroir me repreſant,
Me fait un tel ombrage,
Que j'ai envie en me mirant
De le caſſer de rage.
        FIN.

Chanson Sur l'Air, *Ton humeur est Catherine.*

Belle brune que j'adore
Et qui méprisez l'amour,
Vous n'aimez personne encore
Mais vous aimerez un jour.
Pour un destin nécessaire
Il faut toujours s'enflamer
Tôt ou tard il le faut faire,
Qu'atendez-vous pour aimer.
Si quelqu'Amant plein de flâme
Soûpire pour vos apas
Recevez-le dans votre âme,
Et ne le rebutez pas.
Quand un cœur veut se défendre
Il est toujours en courroux
Le plus sûr est de se rendre
Lorsque l'amour vient à vous.
Si j'avois pour héritage
Le Trône le plus brillant,
Je vous en ferois hommage
Et de mon cœur un présent,
C'est à vous ma cher brune
A qui j'adresse mes vœux;
Mais l'état de la fortune
N'est pas au plus amoureux.
Mon cher soit fidéle & sage
Je veux bien suivre l'amour,
Ne deviens jamais volage
Et je t'aimerai toujours;
Aime uniquement ta brune
Tu passeras d'heureux jours;
Je t'aime mieux sans amour
Que couronné sans amour. F I N.

Chanson, Sur l'Air, du Menuet de Sife.

MOn cher Thirsis, rent moi plus contente,
Que ton absence me cause de pleurs,
Tu fuis, ingrat tu abhorres ma présence,
Et tu te ris de ton plus grand malheur.

Dans l'évenement de ta connoissance
Si j'avois vû le malheur qui me suit,
Malgré tes charmes & ton humeur tendre
Je te fuirois le reste de ma vie.

Aime-moi, ne me fais plus attendre,
Je t'ai payé le dixiême dénier,
Dois-tu douter de ma grande Constance,
C'est le moyen de vouloir marchander.

Enfin lassé de ton indifference,
Un jour viendra, tu t'en resouviendras,
J'éviterai ton humeur chancellante,
Et j'aimerai celui que m'aimera.

En vous aimant l'on a que du déboire
En vous aimant l'on ne sent que des maux,
Il vaut bien mieux rire chanter & boire,
Parmis les pots chercher notre repos.

Bacchus disoit pour m'exciter à boire,
Qu'il guériroit mon amour par le vin,
Il m'a trompé je ne le veux plus croire,
J'ai beau trinquer, je n'en aime pas moins.

J'aime le vin j'adoré ma Maîtresse,
A tous les deux je veux faire ma Cour,
Le jour je bois, la nuit je la caresse,
Voilà enfin comme l'on fait l'amour.

Si nos deux cœurs sont faits l'un pour l'autre,
Jeune Philis, unissons les bien;
D'autre que moi pourroit avoir le vôtre,
Autre que vous n'aura jamais le mien.

Si vous m'aimiez mon aimable Climene,
Souffririez-vous toujours auprès de vous,
Tous mes rivaux vous parlent de leurs peines,
Tous mes rivaux vous parlent de leurs maux.

F I N.

*Veu l'approbation du Sieur Passart,
permis d'imprimer ce 4 Aoust. 1722.*
M. P. DE VOYER D'ARGENSON.

Table des Chansons

Qui sont contenuës dans ce Receuille

Rédigée par Ordre Alphabetique

A

Aujourdhuy l'amour est à la mode 5
Autrefois mon sœur n'aimoit Rien 14
Allez vous a Mississsppy ... 21
Ah! que dans ce beau jour .. 23
Ah! morbleu que vous estes belle 29
Assis Sur l'herbette 43
Ah! l'Innocente fille 107

α

A — Pages

Auprès de Vanterve	108
Aimons nous Iris tendrement	115
Au petit geneste	141
Aimons nous toujours	168
Aux Champs Elisés	169
Ah! la drole d'histoire mignone	172
A vous je m'engage	176
Ah que j'ay de plaisir lisette	201
Ah! la drole d'histoire que l'on chante	213
Ah! Ciel quel beau couple de Sœurs	220
A l'Ombre de ce vends bocage	222
A l'Ombre d'un Ormeau lisette	252
Adieu ville charmante	262
Allant boire Chopine	263
Ah que le temps étoit bon	289
Au jardin de mon Pere	316
Allons Colombine	338
Ah! quelle grande Joye	359
A faire un long voyage	407

Pages 3

A
A m'a dit ca la Chienne .. 421

B
Bacchus supprimé
Vandange 43
Bonjour jolie Pastourelle .. 147
Buvons tous a ma Conqueste ... 193
Belle Iris veux tu m'en croire 231
Buvons celebrons la feste .. 429
Belle brune que j'adore ... 431

C
Contentez d'une seule
Bouteille 32
Colette je ressent pour toy 43
Colin a la Chasse 47
Chantons les amours de
Jeanne 62
Croyez vous par des apparences 97
Charmant printemps dont
la trop longue absence .. 163

C

	Pages
C'est Cupidon qui m'inspire	217
Ces deux beautés dedans mon ame	225
Contre les deffauts d'autruy	225
Cotillon rolle, rolle	300
Chantons chantons le Jeune Roy	353
Chantons chantons grands et Petits	370
Connoissez vous cette fleche	409

D

Dés Longtemps nous sommes en voyage	6
Dedans mon petit reduit	16
De la discorde et sa cabale	59
De vos yeux le doux langage	68
Dans ces lieux	76
De tous les Dieux que la fable	85
Dans un bocage sombre	92
D'un songe agreable Clovis	94
Dans nostre moulin	106
D'une brune j'ay fait un choix	122

D

	Pages
Dans Paris la grande ville	133
Dans nostre Village	139
Dans les Champs Elisés	151
Dormant dans une paix profonde	153
Depuis longtemps	164
De nostre sort vivons contens	195
D'un Coeur tres maris	202
Dormant a l'Eau-bulette	229
Dieu que ma maitresse est belle	239
Dieu te garde ma Cloris	273
Dans le Belage	283
Du haut en bas	325
Dans son jeune âge	382
Du jeu nouveau du Bilboquet	405

E

Ecoutez amans tristes Et jaloux	40
En Revenant de la Villotte	149
En jouant je perds mon argent	202
Ennemis de la france	203
En rejouissance	378

E

Ecouté la finesse d'une femme
a Paris 398

F

Faut chanter l'histoire . . 321
François il nous faut reprendre 358

G

Grand saint Martin
j'ay fait deux 428

H

heureuse qui no cense . . 74
hanneton vole vole sitost que
la belle saison 99
hélas peut tu me presser davantage 158
heureux celuy qui chemine . 159
heureux celuy qui chemine . 162
ho! ma foy pour le coup 294

J

	Pages
Il Estoit un doux Berger	10
Je ne comprends pas amy Lucas	18
Je veux suivre tourateur	26
Il Estoit un Berger	33
Il y a trente ans que mon Cotillon traisne	35
Je suis une Ombre du vieux temps	45
Je voudrois bien me marier	53
Il y a dans ce voisinage	55
Jean ne fait rien que pour Jeanne	63
Jean vien donc Espouser Jeanne	64
Je t'aimois Berger volage	68
Jusque dans vostre coeur	82
J'ay deux presens a vous offrir	83
Je suis d'une honneste famille	93
Iris est plus Charmante	100
Je suis marquis prest a boire	102
J'entends la bas dans la plaine	109

	Pages
J'aime le vin j'aime l'amour	112
J'aime les Enfans de Bacchus	114
Je possedois une heureuse innocence	116
J'ay fait une maîtresse	118
Il n'est point de meilleur pays	120
Janneton que tu es fière	143
Je suis la fortune	164
Je ne veux plus aller de jour	168
Jeune Clovis	174
J'apperçois une Bergere	178
Je cherche un petit bois touffu	180
Je cheris le badinage	188
Jeune Brunette	189
Je n'ay point de dettes ny procès	200
Jeunes cœurs cedés sans peine	202
J'ay passé tranquillement	233
Je n'aime que ma bouteille	246
Je vous ay toujours aimé ma Clinienne	287
J'entend desja le campêve Gregoire	298
Je suis gueux comme un Rat d'Eglise	336

J'aime

J

	Pages
J'aime Amon fris	331
Je trouve que les jeunes gens	342
Je veux garder ma liberté	347
Jarniguenne que les françois	356
Infante vous trouverez bon	385
J'avois l'autre jour chez Climene	397
J'ay fait à la fortune	413
J'ay perdu ma liberté	415
Je n'ay pour toute maison	419

L

L'Amour ma belle	30
L'Amant fidele	52
L'Amour qui pour vous m'enflamme	56
L'Amour aujourd'huy tout en larme	72
L'Amour veut me surprendre	91

	Pages
L'As de couvrir la terre et l'Onde	96
L'Oiseau que l'on met en cage	108
L'Amour n'a que du tourment	126
Le Jeune Colin l'autre jour	154
L'Autre jour en me promenant	170
L'Autre jour dans des Latrines	186
Les pauvres filles gagnent peu	188
L'Autre jour ma Clovis	198
Le Prince Eugene s'étoit promis	206
La fille du Village . . .	208
La Jeune Lisette . . .	212
L'Amour sans aucune contrainte	233
L'Amant doit estre genereux	240
L'on disoit que la mere d'Amour	245
L'Autre jour ma jeune bergere	256

	Pages
Laves me a tué mardy gras	258
Les Engagemens de nos jours	297
L'Autre jour dedans la plaine	307
L'Amour est traistre	312
Le bruit court en ville	318
L'Autre jour l'aimable Sivris	333
L'Amour est dans vos yeux	335
Le Printemps vient de naistre	340
Le Roy par sa maladie	366
Le Roy va se marier	373
Louis le plus jeune des Roys	377
La belle Isabelle	402
La feste du grand St Martin	427

Pages

M

Mon Amy mon bel
amy 14
Mon adorable Silvie 56
Marié moy ma chere mere . 63
Mon esclavis j'en est allé . 224
Mon Cœur sorté d'Inquietude 224
Mes bons freres tour a tour 232
Mon Compere je suis
marié 235
Marotte fait bien la fieve 241
Mes chers amis bacchus
gronde 268
Monsieur le Prince Eugesne 291
est usé pour celebrer mes
maux 304
Ma femme je ne dors gueve 323
Morgué Pierrot jons bonne
chance 351
Ma foy j'avons sujet de
rire 370
Mon chere Pere grand
Roy d'Espagne 395

M   Pages

Maman je me meurs
d'Envie 404

Mon Berger tendre et
fidele 410

Mon Cher Tircis rends
moy plus contente 432

N

NOn non je n'ay jamais
aimé 68

Nous lisons dans l'histoire . . . 92

N'm'entendez vous pas . . 125

Nous sommes partis
d'Egypte 135

Ne met point dans ta
Caboche 185

Ne fais point tant la
Severe 210

Ne parlons point de
Politique 237

Non ce n'est pas en bien 248

Nous autres bons Villageois 417

Non, il n'est rien dans
L'univers 424

Noë bon Patriarche . . 429

14   Pages

O

On dit qu'on trouve au
Puteau 3
On dit que vous m'estes infi-
dele 77
O r'achepté petits et grands 129
Ô Rencontre agreable . . . 266
On ne peut point garder les
filles 330

P

Profitez jeunes filles   3
Prenons du bon temps
repas 64
Pour connoistre les femmes   78
Passant par la Bourgogne   88
Pour passer nostre vie . . . 201
Pour couler doucement sa
vie 105
Petit à petit l'oiseau fait
son nid 128
Pourquoy me fuyez vous
cruelle 163

P

	Pages
Pleurez mes yeux pleurez	
Le coup funeste	230
Petite inhumaine	255
Prenes mon fris prends ton terre	277
Profitez des jours	301
Pourquoy blasmer dans vos Chansons	344
Pardy jauions bien la poussée	368
Peuples de la france	374
Prenez moy pour Jardinier	411
Pres d'Jris a ton Secours	424

Q

Que nous sommes ingenieux	2
Quel facheux horoscope	8
Quiaut Pravat veut tu savoir	19
Quand mere sauuage	68
Que le victrice a d'appas	79

16

Q

	Pages
Quand je vois tes beaux yeux	81
Que le vin est divin	97
Quand je demande un Secours	123
Qu'une Bouteille	196
Quand je bois de ce bon vin	235
Quand on se veut s'engager	269
Quitté le jus de la treille	281
Que d'Exploits	314
Quand je tiens de ce jus d'Octobre	329
Que fais tu Bergere	337
Que de vois dans Paris que des Rejouissances	357
Quand nous fusmes dans ce Piedmont	416
Quand chez toy j'arrive	423
Quand le Seigneur eut fait Eclore	430

R

Rien n'est si certain a present	194

Pages

S

Si tu savois ma Margot
Combien je t'aime 157
Suis-é Celimenne 163
Sans peur de Censure . . . 215
Si j'estois aimé de Climenne 230
Sans le Tabac 309

T

TON Amant Philis ne
me plaist guere 25
Tu reçois le prix de ta
flamme 40
Toy qui guerij de l'amour . . 50
Toy qui trouve le vin bon . . 51
Tes yeux d'une douceur
Extreme 80
Tu m'a t'alé petit frippon 162
Ton hymeus est fait he vaisne 181
Tirsis couché sur l'herbette 265

c

T

	Pages
Tout ce qui respire	241
Tout ce Village retentit	362
Toute la noblesse de Paris	380
Trop injustement	427

V

VOUS qu'aucun discours n'engage	15
Venez garçon, venez fillettes	27
Vous qui de votre ardeur fidelle	29
Venez amans dans ce jour	38
Vous qui donne de l'Amour	49
Venez icy petits et grands	110
Vous me devez depuis deux ans	153
Vous demandez une chanson	212
Viens aurore	243
Va ton ignorance est profonde	268
Vois tu nos agneaux lisette	286
Vive le Roy	349
Venez, venez aimable infante	390

T

Tenez venez beautés naissante	392
Venez Princesse tres Charmante	395
Voulant faire un voyage	400
Vous qui cherchez le delectable	421

V

UN Vieillard jaloux et grondeur	7
Un jour dans un plein repos	12
Un Cavalier d'une riche encolure	36
Un timide Berger	137
Un Polichinelle	144
Un jour une jeune abeille	155
Un habit fille Eolage	192
Un Pelerin qu'amour amenne	247
Un Boulanger de jonesse	275
Un amant de contrebande	282
Un Coeur vif et tendre	292
Un queant l'anglois	426

www.ingramcontent.com/pod-product-compliance
Lightning Source LLC
Chambersburg PA
CBHW070530230426
43665CB00014B/1640